中华优秀传统文化的现代价值

唐明燕　著

文匯出版社

目录

第一编

中华优秀传统文化与中华民族精神培育

第一章
民族精神与中华民族精神

民族精神问题作为关系民族兴衰的重大课题，自近代以来每至中华民族发展的关键时刻都会被提起和强化。迄今为止，对中华民族精神的关注大致经历了三次热潮。第一次热潮发生于19世纪末20世纪初，帝国主义用坚船利炮打开了中国的大门，中国沦为了半殖民地半封建社会，中华民族面临着亡国灭种的深刻民族危机，在此情况下，有识之士开始自觉地审视、检讨民族精神，积极地探索复兴、重铸民族精神之路。资产阶级革命派、西化论者、文化保守主义者以及中国共产党人等，纷纷发表见解并彼此间展开激烈论争，这一时期出现的关于东西文化之争、关于文言文与白话文之争、关于儒学与传统道德之争等均与此有关。第二次热潮发生于20世纪80年代末至21世纪前十年，在全球化的背景下，伴随着中国改革开放的深入，中国社会处于一个由传统农业社会到现代工业社会、由计划经济到市场经济的深刻转型期，如何应对全球化，如何处理传统文化与现代化之间的关系，如何在激烈的国际竞争中自立于世界民族之林等问题摆在了人们面前。在学术界，学者开始围绕上述问题展开思索，讨论民族精神；在这一时期，民族精神问题经由十六大报告的阐述，由学术层面上升到了国策要求，振奋民族精神、建设中华民族共有精神家园等提法频见报道，“国学热”也如火如荼地兴起。这次热潮有自上而下和自下而上的双重特征。第三次热潮发生于中国特色社会主义进入新时代以来，中华民族的伟大复兴成为时代主题，文化自信、历史自信、社会主义核心价值观、中华优秀传统文化、中华民族的精神命脉、文化软实力等成为时代热词。尽管这一时期从表面上来看，“民族精神”以及“中华民族精神”等提法直接出现的频率并不高，但从实质来看，涵养、振奋中华民族精神就蕴含于中华民族伟大复兴的时代主题和那些时代热词之中。

一、民族精神的一般含义及基本特征

近百年来，民族精神问题的研究由感性到理性、由肤浅到深入取得了巨大成果，但是，关于“什么是民族精神”，理论界一直众说纷纭，始终没有形成一个公认的定义。纵观目前已经出现的诸多民族精神的概念，如果按照价值判断来划分，可将其大致归为四种观点。第一种观点是将民族精神定位成进步的、积极的精神，认为真正的民族精神应体现民族根本利益和社会发展方向，是一个民族得以维系和发展的精粹思想、进步观念和优秀文化，不包括落后和消极的因素。例如，有学者认为民族精神应具备两个要件：“一是有比较广泛的影响”“二是能激励人们前进，有促进社会发展的作用”①。这种对民族精神的认识是理论界的主流看法。第二种观点认为“民族精神”优劣并存，既包含进步、优秀的成分，又包含落后、劣根的一面，具有双重性。例如，有学者认为：“一方面民族精神中包含有凝聚力强、崇尚群体、刻苦耐劳、朴实宽厚、和谐谦逊、注重精神价值等积极内容，另一方面又有因循守旧、消极依赖、不倡个体、排斥创新的消极内容。”② 第三种观点视“民族精神”为中性概念。例如，有学者认为：“民族精神只是个中性概念，正如文化传统是中性概念一样，属于事实判断的范畴，而不是价值判断。”③ 第四种观点则对民族精神做广义和狭义两种区分，认为广义的民族精神是精华与糟粕的共同体，而狭义的民族精神则仅指正面的、积极的精神因素。例如，有学者认为：“民族精神的广义和狭义之分是相对的，两者都是可以成立的……广义的民族精神包含了狭义的民族精神……广狭二义立论民族精神也各有长处和短处……只要确定参照系，界定明确，自圆其说，那就不论是从广义还是狭义立论民族精神都是可行的。”④

本书赞同第一种观点，将“民族精神”作为一个为该民族提供发展动力、帮助该民族树立正确价值观念的专有名词来对待，认为“民族精神”仅指“民族的精神”中

---

① 张岱年：《文化与哲学》，北京：教育科学出版社，1988 年，第 73 页。
② 吴来苏：《对构建当代民族精神的思考》，《河北学刊》，1997 年第 2 期。
③ 李宗桂：《优秀文化传统与民族凝聚力》，《哲学研究》，1992 年第 3 期。
④ 方立天：《民族精神的界定与中华民族精神的内涵》，《哲学研究》，1991 年第 5 期。

积极向上的部分，不包括消极、落后的方面，它是民族文化的核心和灵魂，是一个民族在长期生产与生活中表现出来的富有生命力的优秀思想，是一个民族共同的价值观和精神支撑，是民族凝聚力的思想基础和社会发展的精神动力，具有对内动员民族力量、对外展示民族形象的重要功能。弘扬民族精神，可以提升民族的认同感、归属感、自豪感，可以提升民族的自尊心、自信心，可以提升民族的生命力、创造力和凝聚力，民族精神是一个国家综合国力的重要组成部分。为了更好地把握民族精神的含义，有必要将民族精神与一些相关概念做一下区分，有必要对民族精神的基本特征做一厘清。

（一）民族精神与民族意识、民族共同心理素质、民族性格、民族性/国民性

民族精神与民族意识、民族共同心理素质、民族性格、民族性/国民性是几个既有联系又有区别的概念。其共同之处在于：它们都属于一个民族或国家的精神文化现象，都植根于民族文化传统之中，具有同一血脉；它们都体现了一个国家或民族的特点，其形成都经历了比较长的时间，都具有全民性、稳定性、连续性、持久性，其变化都是渐进的、缓慢而细微的；它们都是维系本民族生存的力量，都可以抗拒其他民族的心理和精神的渗入，都是保持民族界限的屏障。但是这几个概念又存在不同，在日常使用中它们各有侧重。

民族意识是指一个民族在与外族接触过程中所产生的自觉，是对本民族特点以及本民族与其他民族区别的意识，是一种民族归属感，它从自我方面标志着这个民族的形成。梁启超先生说："何谓民族意识？谓对他而自觉为我。"① 这一概括切中"民族意识"的要点。熊锡元先生将"民族意识"的含义更为详细地归纳为两点："第一，它是人们对自己归属于某个民族共同体的意识。第二，在国家生活中，在与不同民族交往的关系中，人们对本民族生存、发展、权利、荣辱、得失、安危、利害等的认识、关切和维护。"②

民族共同心理素质包括民族意识，但要比民族意识的含义更为宽泛和复杂。它是

① 梁启超：《梁任公近著第一辑》（下卷），上海：商务印书馆，1923 年，第 43 页。
② 熊锡元：《民族心理与民族意识》，昆明：云南大学出版社，1994 年，第 113 页。

一个民族集体人格的体现，是一个民族区别于其他民族的精神特质的总和。它与民族性格和民族性/国民性是近义词。民族共同心理素质、民族性格和民族性/国民性都是一个民族的社会经济、历史传统、生活方式以及地理环境的特点在该民族心理上的反应，并通过民族的语言、文学、艺术、社会风尚、风俗习惯、宗教信仰等表现出来，为全民族所共有，反映了整个民族的精神风貌。其中既有积极的、能促进民族发展的优点，也含有消极的、阻碍民族进步的因素。例如，在恩格斯所著的《英国工人阶级状况》一书中就有一段评论爱尔兰民族性格的话："他们机警而又轻率、急躁，没有耐性而又缺乏远见；他们生来就勇敢、落落大方；受到侮辱就马上报复或立即宽恕，交朋友快，绝交也快；他们天才四溢，但是判断力却差得可怜。"[①] 虽然民族共同心理素质、民族性格、民族性/国民性这几个概念含义近似，但在具体使用中，往往又根据具体场合而有所区别。例如，在谈到一个民族的内心活动时，常常使用"民族共同心理素质"；在谈到某一民族外在的行为特点时，常常使用的是"民族性格"；在谈到一个国家的国民精神世界中消极落后的方面时，最常使用的是"国民性"或"民族性"。

民族精神与民族共同心理素质、民族性格、民族性/国民性的最大的不同之处在于民族精神采集了它们的精华，不包含消极落后的方面，全部内容都呈现出积极的风采。民族精神能净化民族的心理环境，吐故纳新，从而能起到增强民族意识、改善民族性/国民性的作用。

（二）民族精神与民族主义

民族精神与民族主义也是一对容易混淆的概念，"在当代语境中，民族主义至少有这样三种基本含义：一是作为强烈民族意识的民族主义，即对本民族历史和文化表现出来的认同、归属等强烈情感和持久意识，它充分反映了本民族的社会心理；二是作为社会思潮的民族主义，即在特定历史时期出于维护本民族利益的需要而表现出来的一种强烈的政治诉求和社会潮流，它在不同时期往往有不同的焦点和兴奋点；三是

---

① 恩格斯：《英国工人阶级状况》，北京：人民出版社，1956 年，第 321 页。

作为意识形态的民族主义，即为谋求民族利益而在处理民族问题和对外关系上形成的一套行动准则和价值观念，它往往成为一个民族对待民族问题和国际问题的重要战略和策略思想”。①可以说，相对于民族精神，民族主义是一种更加宽泛、复杂的概念，它可以以民族意识的面目出现，也可以以社会思潮的面目出现，还可以以意识形态的面目出现；就性质而言，与民族精神仅指一个民族的精神中进步的、积极的一面相比，民族主义则很难笼统地以优劣来判定，必须结合具体情况具体分析。

合理的、健康的民族主义，主要表现为能够适应全球化的潮流，既崇尚本国民族利益和价值理念，又能尊重其他国家和地区的民族利益和价值理念，在本国利益受到威胁时，能够以一种理性的尽量不伤害第三者的态度来积极地争取自身利益，这种合理健康的民族主义是一个民族的民族精神的展现，也会促进民族精神的发展。而狭隘的、病态的民族主义则主要表现为极端标榜本民族的利益和价值理念，将其他国家和地区的民族利益和价值理念视为异端，在二者发生冲突时以一种非理性的攻击、谩骂甚至暴力手段来维护自身利益，这种狭隘、病态的民族主义貌似非常热爱本国和本民族，实际上并不能真正有效地维护自身利益，不能适应全球化的潮流，会受到世界舆论的谴责，并且会对本民族的民族精神造成伤害，甚至会葬送一个民族的发展前途。

（三）民族精神与民族个体精神

民族精神是历史对民族个体成员的精神进行选择、积淀的产物，它以民族个体精神为基础，它最终要具体依赖每个民族个体成员来认同、接受、实现和传承，没有民族个体精神就不可能有民族精神。每个民族个体成员的思想和行为都会对该民族的民族精神产生或大或小、或短暂或持久的影响，其中民族成员中的精英人物对缔造该民族的民族精神贡献最大。民族成员中的精英人物通过自身的历史业绩在民族成员的精神世界中产生深远影响，随着民族成员对精英人物的推崇，精英们的思想、人格便成为一种典范被该民族所效法和传承，由此成为该民族的整体精神追求。民族精英人物

① 丰子义：《民族精神研究的若干问题》，《北京行政学院学报》，2009 年第 2 期。

可分为两大类：一类是传说中的英雄人物，比如中华民族所塑造的女娲、神农、伏羲、夸父等形象，希腊民族所塑造的普罗米修斯、奥德修斯、赫拉克勒斯等人物；另一类是现实中的杰出人物，主要指该民族历史上出现的杰出的政治家、思想家、文学家、艺术家，以及民间的某一精神的杰出代表等，例如，中华民族历史上出现的以思想著称的孔子、老子，以爱国精神著称的岳飞，以孝亲精神著称的闵子骞等人都对塑造中华民族精神做出了重大贡献。

民族精神一旦产生便具有相对的独立性和历史惯性，它又会反作用于民族个体成员，深深地影响民族个体成员的精神世界，规范和制约民族个体成员的思想和行为。这种影响的发生大致要经历这样一个过程：首先民族精神作为整个民族的精神向导会在该民族中营造一种符合民族精神价值导向的社会氛围，生活在此氛围内的民族个体成员耳濡目染，其中民族精神中那些契合民族个体成员内在价值需要的因素就被个体所认可，内化到个体的心中，进而影响个体的行为。例如，中华民族精神中“助人为乐”的精神因素被中华民族的个体成员“雷锋”所认可和接受，这种精神因素就内化于“雷锋”心中，并促使“雷锋”做出了“助人为乐”的行为；“雷锋”又通过自己的行为，强化了中华民族精神中“助人为乐”的精神因素，为培育此种精神因素做出了自己的贡献。

（四）民族精神的基本特征

某一民族精神由特定民族来创造，与该民族共存亡。民族精神依靠汲取该民族传统文化的营养来孕育，依靠吸收时代精神与外来精神的精华来实现更新和发展，因此，应该从民族的视角、文化的视角、动态发展的视角来考察民族精神。基于这样的认识，本文将民族精神的基本特征归结为以下三个方面：

第一，民族是民族精神的承载者即主体。斯大林在《马克思主义和民族问题》一文中对“民族”下了定义，他说：“民族是人们在历史上形成的一个有共同语言、共同地域、共同经济生活以及表现在共同文化上的共同心理素质的稳定的共同体。”①

---

① 中共中央马克思恩格斯列宁斯大林著作编译局编：《斯大林选集》（上卷），北京：人民出版社，1979 年 12 月，第 64 页。

"民族精神"不是抽象的，而是具体的，它总要与特定的民族联系在一起。民族精神是在一个民族形成、发展的过程中产生和完善的，某一民族是其民族精神的创造者和实践者。民族精神一旦形成，就会深深地渗透到该民族的文化生活中，融合于该民族成员的心理意识里，成为该民族团结与前进的动力，并能够起到净化民族心理、振奋民族士气的作用。正如黑格尔所说的那样，民族精神"构成了一个民族意识的其他种种形式的基础和内容"①，"民族的宗教，民族的政体，民族的伦理，民族的立法，民族的风俗，甚至民族的科学、艺术和机械的技术都具有民族精神的标记"②。民族精神与其承载者即该民族命运一致，当一个民族被异民族同化或消灭后，其民族精神或者湮灭，或者被征服民族吸收，成为新的民族精神的一部分。例如曾在中华大地上活跃的匈奴、鲜卑等民族因为被汉族所同化而丧失了独立性，其民族精神也便丧失了独立性，只能以碎片形式融入汉族，成为汉族民族精神的一部分。某一民族精神的面貌，与该民族生存的自然环境、历史遭遇以及政治、经济、文化的发展状况息息相关。因此，理解某一民族精神要从理解该民族入手，如果不顾民族发展的历史和现状而抽象地谈论民族精神，得出的结论必然是愚蠢和虚假的。

第二，民族精神植根于一个民族的传统文化之中，具有稳定性、持久性和较强的历史惯性。民族传统文化是一个民族智慧和历史经验的结晶，最能代表该民族的特色。它汇集了一个民族过去的思想文化中与该民族最切合的部分，内容丰富，历经各个时代的锤炼，生命力特别顽强，影响力异常深远。历史是割不断的，也是回避不了的，民族传统文化构成了该民族继续发展的文化环境和心理背景，在一定程度上决定了该民族的生存态度和生存方式。丧失了传统的民族就丧失了安身立命的根基，就丧失了自身的特色，离被其他民族同化的命运也就不远了。民族精神由传统文化所孕育，是民族传统的历史积淀。传统文化中最符合该民族利益、最能促进该民族发展的优秀思想就构成了民族精神。总之，传统文化是民族精神的母体和基石，研究一个民族的民族精神就要深入探讨该民族的传统文化。

---

① [德] 黑格尔著，王造时译：《历史哲学》，上海：上海书店出版社，2001 年，第 55 页。
② 同上，第 67 页。

第三，民族精神是一个动态的系统，具有与时俱进的品格。民族精神虽然植根于民族传统文化之中，具有较强的稳定性，但它并非一成不变。作为特定历史条件的产物，它与一个民族所处的社会政治、经济、文化等状况息息相关，这些因素的变化会引起该民族精神发生质的或量的改变。民族精神质的变化，即变成另一类型的民族精神，一般发生在该民族被同化或消亡之时。虽然在人类历史上这种状况经常发生，但并不是所有民族精神的共同命运，它只发生在部分民族身上。更具有普遍意义的不是这种质变，而是缓慢而持久的量的变化，这是每个民族的民族精神都必经的历程。政治、经济、文化等因素的综合作用是引起民族精神变化的深层动因，这种动因要借助传统精神与时代精神以及外来精神的碰撞，经过纵向及横向的比较和选择才能发生现实的作用。

时代精神反映了某一最新时代思想文化的内在特质，是民族精神新鲜血液的来源。民族精神要永葆其精华性与先进性，就不能固守传统，而要以民族根本利益为出发点，根据时代的发展，不断吸收时代精神的精华以淘汰和更新一部分不利于民族生存和发展的落后因素，这样才能成为具有现实意义的民族精神。例如中国封建社会所倡导的“三纲”，曾经是封建社会的民族精神，但是它最终没有经受住时代的检验，发展到今天则作为糟粕被中华民族精神彻底抛弃了。而同样是在中国封建社会就产生的“吃苦耐劳”“刚健有为”“天下兴亡，匹夫有责”等精神却代代相传，依然是中华民族精神的重要组成部分并且具有隽永的生命力。

民族精神的演进，除了要经历前后相继的纵向发展历程，不断从传统精神与时代精神中汲取力量之外，作为一个动态系统，它还要与其他国家或民族发生横向上的联系。“民族精神也是在发现‘他者’的时候和地方出现的，即以‘他者’的形象作为参照，以差异特性作为叙述动力，形成自己族群的历史故事和民族性格的叙述系统。”① 一个民族与“他民族”的接触交往会促使该民族反省自身、总结自身、更新自身，从而促进本民族的民族精神的发展。在人类历史上，不同国家、民族间的交流

① 韩震：《论民族精神的历史性与时代性》，《理论月刊》，2007 年第 1 期。

从来就没有终止过，只不过在农业社会时期，由于受生产力发展水平的制约，这种跨国家跨民族的交流范围很有限而已。进入工业社会以来，生产力取得了突飞猛进的发展，资金、原料、市场在全世界范围内被重新分配，加之交通工具、通信工具的改良，人们的交往越来越便利了。在当代，“全球化”“地球村”不仅是人们耳熟能详的词语，也成为各个国家、民族的切身体会。交流的深层次必然是思想文化的碰撞，各个国家、民族的思想文化领域几乎都面临着异民族、异国家的精神文化大量涌入的状况。在这种情况下，那些能够对各种精神文化现象进行鉴别，能够在保持自身民族独立性的前提下，自觉地吸收有利于本民族生存、发展的优秀外来精神的民族，就会不断发展壮大，其民族精神当然也会不断发扬光大。而那些对外来精神全盘拒绝或者全盘接受、欠缺消化吸收能力的民族，则或者会被历史淘汰，或者会被异民族同化，其民族精神的发展历史也便终结了。

总之，那些能够延续并不断繁荣的民族一定是能够对外界挑战做出恰当反应的民族，这种恰当反应是指：既懂得珍视自身的传统，又知道自觉地吸收时代精华，还能够不断在横向比较中从异民族和异国家那里撷取有利于自身发展的因素来充实自己。因此，培育和弘扬民族精神时，传统精神的精华、时代精神的精华、外来精神的精华，每一样都不应忽视。

二、中华民族精神的内涵

在世界历史上，常常见到这种情形：那些国土面积较小、民族较单一的国家，比较容易形成一个整体，民族的凝聚力较强；而国土面积较大的多民族国家，其凝聚力往往较弱，容易出现分裂。在欧洲许多地区，自古以来就不断地分裂，不断地组合，形成了小国林立的局面，有的地区至今民族问题还很严重。与此形成鲜明对照的是，在中国这么广大的地区，拥有那么多民族，不仅没有分崩离析，反倒随着历史的发展，越来越具有凝聚力，虽经过多次战乱却保持了统一局面。这不得不说是人类历史上的奇迹，连关注中国的外国学者也禁不住感叹：“就中国人来说，几千年来，比世界任何民族都成功地把几亿民众，从政治文化上团结起来。他们显示出这种在政治、文化上统一的本领，具有无与伦比的成功经验。”① 这所谓的成功经验，最主要的可以归结为组成中华民族的各个民族在长期发展中形成了统一的、悠久的、强劲的中华民族精神。它是中华民族文化思想、民族性格、传统道德观念的升华，是维系和支撑中华民族生存和发展的精神支柱，是中华民族内在凝聚力的源泉，是中华民族的灵魂。它为各民族所认同，并且已经内化到各个民族的理想信念、行为方式乃至风俗习惯中了。在几千年的历史长河中，它不断经受着时代的检验，不断丰富着自身的内容，不断实现着自我更新。在中华民族精神的丰富内涵中，以下九种精神较为典型。

（一）自强不息的精神

自强不息的核心内涵是不甘落后、奋发有为、积极进取、永不止息。中华民族这种精神的形成与中华传统文化“天人合一”的思维方式有关。中国古代哲人以“天人合一”作为自己哲学思考的立足点，他们观察到宇宙是一个生生不息、流迁不止的运动过程。基于此，他们认为有识之士应该效仿天的健动精神，有所作为，永不停步，通过自己的努力不断发展。这就叫作“天行健，君子以自强不息”②。这种尚健尚动、不断向上的人生哲学，对于中华民族的形成、发展、腾飞起着积极作用，帮助中华民族渡过了一道道难关。

中华民族自强不息的精神表现在方方面面：面对工作，表现为发愤图强、乐以忘忧；面对强敌，表现为不屈不挠、顽强抗争；面对困境，表现为不畏艰难、甘愿吃苦；面对逆境，表现为不惧挫折、奋发向上。可以说，自强不息的精神是中华民族做好一切事情的动力。古往今来，自强不息的事例举不胜举，其中最为突出的是“改革”，正是一次次符合历史潮流的改革将中华民族一次次从泥沼中拖出来，“革故鼎新”最能说明中华民族具有不甘人后的自强不息精神。

---

① ［英］汤因比、［日］池田大作著，荀春生、朱继征、陈国樑译：《展望二十一世纪——汤因比与池田大作对话录》，北京：国际文化出版公司，1985 年，第306 页。

②《周易·乾卦·象传》

战国争雄时期，秦国通过商鞅变法，废井田，开阡陌，奖励军功，设立郡县，这些措施加速了奴隶制的灭亡，推动了封建制的建立，使秦国成为当时最为强大的诸侯国，为秦始皇统一中国奠定了坚实的基础。北宋中期，中原政权衰弱，周边势力虎视眈眈，王安石以“天变不足畏，祖宗不足法，人言不足恤”① 的大无畏气概，与保守势力做不屈不挠的斗争，变法十多年使北宋积贫积弱的局面有所改观。鸦片战争之后，中华民族陷入前所未有的危机之中，中国人民不甘沉沦、不甘落后挨打的耻辱命运，积极寻求救国、救民之方。从 19 世纪 60 年代到新文化运动为止，中国先后经历了从器物层面到制度层面再到文化层面的层层深入的变革。变革是艰难的，其中有反复，有挫折，有血腥，有些变革措施在今天看来略显笨拙和幼稚，但是先驱们的探索或轰轰烈烈或潜移默化地改变了中国社会，改变了中国人的思想，其积极影响极其深远。20 世纪 70 年代末 80 年代初，为了改变贫穷落后的面貌，中国共产党以无比的胆识和勇气，领导了一场社会主义制度自我完善、自我更新的改革，彻底纠正了“文革”中的错误，增强了中国的经济实力和在国际上的政治影响力，使国民日益富裕，使中国日渐强大。进入新时代，习近平总书记多次强调改革对中国社会发展的意义，他强调：“改革开放是党在新的历史条件下领导人民进行的新的伟大革命，是决定当代中国命运的关键抉择。中国特色社会主义之所以具有蓬勃生命力，就在于是实行改革开放的社会主义。我国过去三十多年的快速发展靠的是改革开放，我国未来发展也必须坚定不移依靠改革开放。只有改革开放才能发展中国，发展社会主义，发展马克思主义。中国特色社会主义在改革开放中产生，也必将在改革开放中发展壮大。”②

“汤之《盘铭》曰：‘苟日新，日日新，又日新。’”③在自强不息、革故鼎新这一古老民族精神的指引下，中华民族不断突破陈规，不断超越自己，以强大的姿态屹立于世界民族之林。

---

① 《宋史·王安石传》

② 习近平：《全面贯彻落实党的十八大精神要突出抓好六个方面工作》，《求是》，2013 年第 1 期。

③ 《大学》

（二）包容和谐的精神

中华民族素有“和”的观念，习惯于“仰取象于天，俯取度于地，中取法于人”①，以中正和谐为理想境界，视天地人为统一整体，崇尚人与人、人与社会、人与自然的全方位、多层面的和谐。“礼之用，和为贵”②“万物并育而不相害，道并行而不相悖”③“地势坤，君子以厚德载物”④等包容和谐的精神深深地渗透到中国人的思想深处，内化成一种民族心理，在社会生活的方方面面都体现出来，如修身讲究“心平气和”，治家讲究“家和万事兴”，治国讲究“和睦兴邦”“和平共处”等。可以说，“和”在中国就是兴旺发达、繁荣昌盛的代名词。

倘若从学理上溯源，“和”的观念可以追溯到《易经》。《易经》已经对“和”有了初步自觉，它认为世界是和谐有序的，杂多的世界是由八个基本的卦按照一定的法则排列组合而成，实物的生成变化是一个不断达致和谐的过程。稍后，史伯和晏婴把“和”的范畴做了进一步的深化，将“和”与“同”做了区分，将“和”看作是对立面的统一、多样性的统一，是事物生成的原因，并提出了“济其不及，以泄其过”⑤的达致“和”的基本方法。随着历史的发展，“和”的影响进一步扩大，在流传下来的各种经史子集以及宗教经典、小说寓言中，几乎都可觅见“和”的踪迹。

“包容和谐”作为中华民族精神的有机组成部分，不仅写在纸面上，更落实到中国人的各种社会实践之中。从文化实践来看，这种包容和谐的精神表现为兼收并蓄、和而不同的宽容精神。“天下同归而殊途，一致而百虑”⑥，中国历朝历代，在主导思想的规范下，都容许不同派别、不同类型、不同民族的思想文化存在。儒道互补、儒法结合、儒佛相融、佛道相通是中华传统文化的特色。中国文化正是因为广撷百家、通融诸说，所以才能历久弥坚、历久弥新。从政治实践来看，首先，中华民族是个爱

---

①《淮南子·泰族训》
②《论语·学而》
③《中庸》
④《周易·坤卦·象传》
⑤《左传·昭公二十年》
⑥《周易·系辞下传》

好和平的民族，中国拥有绵亘 1 万公里以上的漫长的陆地国境线，极易受到外来侵犯。由于饱受战乱之苦，中国人民本能地避免战争，视战争为罪恶。在中国浩如烟海的古典文献中，歌颂战争、赞美战争的作品几乎没有，即使是军事著作，也贯穿着“兵者，凶器也；争者，逆德也；将者，死官也，故不得已而用之”① 的主旨。其次，中国是个绝少人种偏见的国家，中华民族和平宽厚，历来“以君子长者之道待天下”②，素有“礼仪之邦”的美誉。从汉代起，就有外国人来到中国，到了鼎盛时期的唐朝，外交官、技术人员、艺人、留学生更是纷纷前来，他们中有波斯人、土耳其人、朝鲜人、日本人等，日本遣唐使阿倍仲麻吕还曾在唐王朝担任秘书监的高官，这足见中国人开放、宽容的雅量。新中国成立后，在内政外交上也非常强调“和”。对外，我国奉行和平共处五项原则，始终坚持独立自主的和平外交政策；对内，我国在维护中央权威的前提下，用民族区域自治制度解决了民族问题，用“一国两制”解决了香港和澳门问题，求大同存小异，使看似尖锐的矛盾得以和平相处、和谐发展，并相互促进。所有这些文化实践、政治实践都是包容和谐的民族精神的具体体现，这一民族精神在新时代也必将能够发扬光大，继续为中华民族的繁荣昌盛做出贡献。

（三）利群爱国的精神

爱国主义以民族归属感为基础，主要表现为对祖先以辛勤劳动所创造文明的热爱和自豪，表现为对国家利益和命运的强烈关注，表现为对祖国美好未来的执着追求以及为维护祖国统一与尊严勇于献身的精神。

中华民族有着悠久的爱国主义传统。苏武牧羊，19 年凄风冷雨，气节不变；岳飞抗金，头断风波亭，报国之志不改；文天祥就义，《正气歌》响彻云天；陆游垂危，仍盼“王师北定中原”；范仲淹被贬，却不顾个人逆境，继续“先天下之忧而忧，后天下之乐而乐”。在中华典籍中，更是留下“位卑未敢忘忧国”“捐躯赴国难，视死忽如

①《中国军事史》编写组：《武经七书注译》（《兵令上》），解放军出版社，1986 年，第 226 页。
②《苏东坡全集 · 省试刑赏忠厚之至论》

归”“苟利国家生死以，岂因祸福避趋之”“国而忘家，公而忘私，利不苟就，害不苟去，唯义所在”“天下兴亡，匹夫有责”“家事国事天下事，事事关心”等无数充满爱国情怀的名言警句，激励着一代又一代中国人。可以说，一部中国历史，便是一部中华民族爱国主义精神的发展史。

1840年鸦片战争的炮火轰开了中国的大门，没落的封建政权与帝国主义签下了一系列丧权辱国的条约，中华民族面临着亡国灭种的危机。为了推翻专制统治并把帝国主义驱逐出中国，从孙中山领导的辛亥革命到中国共产党领导的新民主主义革命，无数中华儿女前仆后继，进行了艰苦卓绝的斗争。在此期间，许多仁人志士的爱国义举感人至深。1911年牺牲的林觉民烈士，在《与妻书》中写道：“吾充吾爱汝之心，助天下人爱其所爱，所以敢先汝而死，不顾汝也。汝体吾此心于啼泣之余，亦以天下人为念，当亦乐牺牲吾身与汝身之福利，为天下人谋永福也。”特别是抗日战争时期，为了打败日本帝国主义，全国人民不分阶级、党派、民族，有钱出钱，有力出力，共赴国难。海外华侨同样爱国，不少华侨青年回国抗日，更多侨胞捐款捐物。中华人民共和国成立后，出现的雷锋、王进喜、焦裕禄、孔繁森等许多具有先人后己、克己奉公、大公无私精神的模范人物，成为新时期爱国主义的典范。

总之，爱国主义的力量是巨大的。正是在爱国主义精神的激励下，在面临外族入侵之时，中华民族才能团结一致，奋起抵抗，不屈不挠地斗争到最后；正是在爱国主义精神的激励下，在新中国成立初期社会主义改造的过程中，国内不同利益集团才能以国家利益为重，捐弃前嫌，最终在新的认识基础上团结起来。在社会主义建设时期，全体人民利益的一致性，使爱国主义更具普遍性和自觉性。新时代的爱国主义，不仅仅出于执着的乡土意识，还出于对中华民族文化精神价值的自觉认同和弘扬，更出于对当代中国各项成就的由衷喜悦和无比自豪。中华民族把爱国主义情感转化为对国家利益和民族尊严的自觉维护，转化为积极参与祖国建设的实际行动，转化为旗帜鲜明地维护祖国统一、民族团结和反对分裂主义的言行。习近平总书记说：“爱国主义自古以来就流淌在中华民族血脉之中，去不掉，打不破，灭不了，是中国人民和中华民族维护民族独立和民族尊严的强大精神动力，只要高举爱国主义的伟大旗帜，中国人民和中华民族就能在改造中国、改造世界的拼搏中迸发出排山倒海的历史伟力！”①

（四）崇尚统一的精神

中华文化强调历史的连续性和认同意识，具有一种厚重的历史感和对外来文化的消融能力。崇尚统一是中华民族的文化传统。从西周开始，这一观念便扎根于中国人心中。天下一家、民胞物与、四海之内皆兄弟的思想，成为凝聚全社会的重要精神力量。以国家统一为乐，以江山分裂为忧，是中华民族天经地义的政治价值取向，经过几千年的实践，这一价值取向逐渐渗透到民族文化的深层结构中并转化为普遍的社会心理，推动了中华民族的整体发展和社会进步。从历史发展来看，自秦始皇统一中国以来，“海内为郡县，法令由一统”的观念便确立下来，“车同轨，书同文，行同伦”是历代帝王的政治理想，历代统治者都竭尽全力追求一统天下的局面。

对中华一体的认同在情感上首先源于对共同祖先的体认。炎黄二帝是传说中缔造中华民族的祖先，夏商周都认为自己是炎黄二帝的后代，春秋战国时期各诸侯国也都以炎黄后裔标榜。不仅中原地区，周边其他少数民族也有很多认为自己是炎黄子孙，例如，巴蜀自称其远主为黄帝，鲜卑西魏认为自己是炎帝的后裔，等等。共同的祖先将中华民族从情感上紧密联系起来，炎黄二帝成为中国“大一统”思想的象征和旗帜。对中华一体的认同还来源于对中华主流思想的认同。儒家思想从汉代开始一直是整个中国社会的主导思想，并被中华各民族所接受，儒学的价值取向由此成为整个中华民族占据主流的价值取向。思想文化上的认同进一步加深了中华民族的归属感。

中华各民族在漫长的历史进程中交错杂居，相互影响、相互交融，最终形成了多元一体的中华民族。新中国成立以后，国家在大陆（内地）实行民族区域自治政策，

---

① 习近平：《在纪念五四运动100周年大会上的讲话》，《人民日报》2019年5月1日第2版。

充分保护少数民族的权益，尊重少数民族的风俗，并且对一些相对贫困落后的民族地区在经济、文化等各方面予以扶持，进一步增强了民族凝聚力；对港澳地区，中国共产党用“一国两制”的方针，成功地使香港和澳门回归祖国，并长期保持了港澳地区的繁荣稳定，大大推进了祖国和平统一的进程。台湾自古就是中国领土不可分割的一部分，分裂国土，割断袍泽，任何人也无此权利。纵览古今大势，祖国统一的趋向，虽经千回百折，其势锐不可当。

（五）坚韧不拔的精神

中国人以坚韧不拔、吃苦耐劳的品质著称于世。“韧”的字面含义是受外力作用时，虽然变形而不易折断；柔软而结实。中华文明始于农耕文明，农业生产周期比较长，一般要经历春、夏、秋三季才能有所收获，这样一个漫长的周期，要求人们必须有相当的忍耐力，既要同自然配合又要和自然斗争才能有比较好的收成，这样的生产条件铸就了中华民族吃苦耐劳的品性。中国古代的女娲补天、夸父追日、精卫填海、愚公移山等神话传说都是中华先民百折不挠、坚韧不拔精神的生动表达。

坚韧不拔是中国历代伟人先贤成就事业的精神支撑，正如苏轼在《留侯论》中所说：“彼能有所忍也，然后可以就大事。”在中国历史上，历尽磨难、百折不回的事例举不胜举，可以说，坚韧不拔是中华民族优秀分子所普遍具有的品质。在面临国家危难时，坚韧不拔的精神发挥的作用更大。例如，在土地革命战争时期，中国共产党曾一度陷入困境，被迫开始了二万五千里长征，“十二个月的光阴中间，天上每日几十架飞机侦察轰炸，地下几十万大军围追堵截，路上遇着数不尽的艰难险阻，我们开动了每人的两只脚，长驱二万余里，纵横十一个省”①，历经艰险迎来了革命的曙光；在抗日战争时期，日本接连占领了中国的许多大城市，并封锁了中国的海岸，还派轰炸机群大规模袭击内地，切断外国援华通道，中国遭受了沉重的打击，但是，中国人民没有屈服，而是在国内组织抗日民族统一战线，坚持了十四年的抗战，取得了最终

---

①《毛泽东选集》第一卷，北京：人民出版社，1991 年，第 136 页。

的胜利；新中国成立之后，国际上共产主义运动处于低潮，帝国主义极尽所能孤立封锁新中国，国内因为长期战乱千疮百孔、经济萧条，处境相当困难，中华民族面对内忧外患，也正是靠着坚韧不拔的精神，终于迎来了经济发展、社会安定、国际地位日益提高的美好局面。

总之，几千年的历史和现实证明，中华民族是个韧性十足的民族，无论是面对天灾人祸还是内忧外患，数次衰微、几度崛起，从不向现实苦难低头，始终持之以恒、百折不挠。“坚韧”撑起了中华民族的脊梁，体现了中华民族的生存智慧。

（六）克勤克俭的精神

“勤俭”在中国源远流长，《尚书·大禹谟》中便有“克勤于邦，克俭于家”的古训。勤，是指对所从事的事业尽心竭力、孜孜不倦的态度和行为。曾国藩曾说：“勤，不必有过人之精神，竭吾力而已矣。”① “勤”的基本要求是“习劳苦”，因此将“勤”“劳”并称；“勤”还表现为奋发精神，因此将“勤”“奋”并称；要做到“勤劳”“勤奋”，势必要珍惜时间，持之以恒，因此，“勤”又与有恒、惜时等相联系。

俭，是指珍惜物质财富，合理消费。勤俭作为中华民族的传统美德，举世公认。在生产力低下的中国古代，劳动成果来之不易，因此早在先秦，古人便以俭为善，以奢为恶，大力倡俭。《论语》屡言俭，《墨子》辟《节用》篇，专门抨击奢侈享乐，提倡节俭。《老子》曰“我有三宝，持而保之：一曰慈，二曰俭，三曰不敢为天下先”②，将“俭”列为三宝之一。此外，还有许多关于勤俭的名言警句一直流传到今天，如“历览前贤国与家，成由勤俭破由奢”③ “成家之道曰俭与清”④ 等。勤俭的美德还包含着对创造物质财富的劳动者及其劳动的尊重，即“谁知盘中餐，粒粒皆辛苦”，这是一种可贵的情感。当然，节俭与吝啬有着天壤之别，中国古代的诸多先贤已经认识到了这

① ［清］曾国藩：《笔记十二篇·忠勤》
② 《老子》第六十七章
③ ［唐］李商隐：《咏史》
④ ［清］李邦献：《善秀文·省心杂言》

一点。例如，颜之推说："俭者，省约为礼之谓也；吝者，穷急不恤之谓也。"① 何大复说："吝则不俭，俭则不吝。"② 王夫之说："吝者，贪得无已，何俭之有。"③

"勤"是开源，"俭"是节流，只有二者配合，才会达到最佳效果。关于勤与俭的有机联系，清代人石成金有过一段精辟的论述，他说："勤俭两件，犹夫阴阳表里，缺一不可，勤而不俭，譬如漏卮，虽满积而亦无所存。俭而不勤，譬如石田，虽谨守而无所获。须知勤必要俭，俭必要勤。"④

通过劳动和节俭积累财富是中华民族的共识。全世界各地有几千万华侨，许多人在各项事业中获得了成功，他们给外国人留下的深刻印象之一就是勤俭。艰苦奋斗、勤俭节约一直是中国共产党的优良传统，毛泽东主席一件睡衣穿了 20 多年，补过 70 多次，老一辈无产阶级革命家身体力行为我们做出了表率。习近平总书记说："过去我们党靠艰苦奋斗、勤俭节约不断成就伟业，现在我们仍然要用这样的思想来指导工作。吃不穷、穿不穷，计划不到一世穷。党和政府带头过紧日子，目的是为老百姓过好日子，这是我们党的宗旨和性质所决定的。不论我们国家发展到什么水平，不论人民生活改善到什么地步，艰苦奋斗、勤俭节约的思想永远不能丢。艰苦奋斗、勤俭节约，不仅是我们一路走来、发展壮大的重要保证，也是我们继往开来、再创辉煌的重要保证。"⑤

总之，克勤克俭是中华民族精神的重要组成部分，是兴国兴党兴家的法宝。在科学技术和生产力高速发展、资源却日益匮乏的今天，中华民族应当继续发扬这一精神，勤奋学习，勤恳工作，勤俭建国，为实现中华民族伟大复兴而勤勉奋斗。

（七）注重道德的精神

中华民族对"道德"的重视由来已久。中华传统文化的主干——儒学是一个以道德为指归的学派，儒学孜孜追求道德境界的提升，注重提高人的道德自律性，反对堕

---

①《颜氏家训·治家》
② ［明］何大复：《四箴杂言》
③ ［清］王夫之：《船山全书》（第 12 册），长沙：岳麓书社，2011 年，第 484 页。
④ 安乐铭：《传家宝》，上海新华书局 1922 年 11 月版。
⑤ 2019 年 3 月 5 日，习近平在参加十三届全国人大二次会议内蒙古代表团审议时的讲话。

于物欲而不自拔。儒家一贯将道德生活看作人之所以为人的主要标志，将道德的高低视作衡量人生价值的主要标准，将内在人格的完善看作成就事业的出发点。孔子说："不义而富且贵，于我如浮云。"①孟子说："饱食暖衣，逸居而无教，则近于禽兽。圣人有忧之，使契为司徒，教以人伦：父子有亲，君臣有义，夫妇有别，长幼有序，朋友有信。"②《易传》云："精义入神，以致用也；利用安身，以崇德也。过此以往，未知或知也。"③老庄道家虽然表面上反对道德规范的约束，但其目的却是要保全人真实纯朴的本性，以避免沾染恶习。墨家义利并举，但以义为重，兼爱天下。在一定意义上可以说，中华传统文化是道德性的理性主义，超越物欲、做有道德修养和文化生命的人，是中国文化内在精神的逻辑要求和必然归宿。

在中国历史上，"重德"的观念不仅对提升中华民族精神境界发挥了巨大作用，而且还起到了维系中华民族团结的纽带作用。古代中国与其说是个地理概念，不如说是个文化概念。从先秦开始，作为文明程度表征的道德在人们心中便是华夏与蛮夷的根本区别。先秦时期，诸侯行为如果不合礼仪道德，便会被人们视为夷狄；夷狄行为如果合乎礼仪道德的，便会被人们视为华夏。例如，《春秋》在描述晋楚之战时，便褒扬处于夷狄之邦的楚国合乎礼仪，"变而为君子"；晋国虽属诸夏，但因不讲礼义"变而为夷狄"④。这种夷夏互变的思想，沟通了夷夏之间文化心理上的联系，在一定程度上为民族融合架起了桥梁。

总之，"各国文化都重视道德，但是没有哪一种文化，能像中国传统文化这样把道德作为自己的基础，让道德观念渗透一切；也没有哪一种文化，能像中国传统文化这样，系统强调个人的品德修养，不仅把实践道德视为人性的体现，而且把它看得比生命更可贵"⑤。当然，传统道德以自给自足的小农经济为基础，以封建社会为背景，因而其中不可避免地会包含着不适应现代社会的落后因素，有必要根据新的时代需求

---

①《论语·述而》
②《孟子·滕文公上》
③《周易·系辞下传》
④《春秋繁露·竹林》
⑤ 郑师渠：《中国传统文化漫谈》，北京：北京师范大学出版社，1990年，第38页。

进行创造性转化和创新性发展。

（八）理性务实的精神

“华而不实，耻也。”[①] 中华民族的务实精神与农耕经济有很大关系。中华先民在农业劳动中悟出一条朴素的真理：一分耕耘，一分收获。这样的生产背景使得中国人历来重视实际，讲求实用，追求事功，而轻浮华、贬空谈、鄙玄虚。这正如章太炎所言：“国民常性，所察在政事日用，所务在工商耕稼，志尽于有生，语绝于无验。”[②]

除了农耕生产方式，中华民族理性务实的精神还得益于中华传统文化的熏陶浸染。中华传统文化的主干——儒学便是一个崇尚经世致用的学派。儒家学者积极入世参与社会活动，热心教化事业，奉行内圣外王之道，讲究修身、齐家、治国、平天下。儒学没有来世的观念，不关心抽象的概念和逻辑，其为学宗旨是为现实的政治和社会生活提供行事依据。儒学在取得至尊地位之后，这种经世致用的价值取向，就成为读书人的行为准则，“治国平天下”就成为他们的人生理想。除儒学之外，对中华民族心理产生较大影响的墨家、道家、法家也是如此。墨家尚力、非命，忧世风之日下，患民生之多艰。道家虽有避世的倾向，向往小国寡民、绝圣弃智，但却是以消极形式从反面表达了对社会现实的关注。法家主张用强力统一天下，为“圣人执要”出谋划策，表现了高度的政治热情。此外，中国人的务实精神还突出地表现在对待宗教的态度上，中国人几乎从来没有陷入过全民族的宗教迷狂，而是注重从日常生活、人伦关系以及社会政治生活中表达自己的意愿，实现人生价值，这在很大程度上可以归功于务实观念的根深蒂固。

中国共产党领导中国人民所进行的社会主义革命和建设实践赋予了务实精神新的含义。毛泽东主席早在延安整风运动时期就提出了实事求是的工作方针。“文革”结束后，在党的领导下，学术界开展的关于真理标准的大讨论，重新确立了“实践是检验真理的唯一标准”这一正确的理念。“实事求是”是邓小平理论最大的特色，在这

---

① 《国语·晋语第四》
② 章太炎：《章太炎政论选集》（下册），北京：中华书局，1977年，第689页。

一理论的指引下，中国人民取得了改革开放的巨大成功。现在，以习近平同志为核心的党和政府更是因具备务实精神而为世人所称道。习近平总书记强调："要笃实，扎扎实实干事，踏踏实实做人。道不可坐论，德不能空谈。于实处用力，从知行合一上下功夫。"①

（九）民为邦本的精神

中华传统文化重视人生、人事问题的研究，而不太关心纯粹的自然问题和超越的彼岸问题。中华先哲即便思考自然问题和彼岸问题，也总是将其和"人事"联系在一起，如《汉书·司马迁传》所说："亦欲以究天人之际，通古今之变，成一家之言。"中华传统文化这种"以人为本"的传统，同西方的人文主义有一个重要区别，即西方看重个体，倡导个性自由，而中国则重群体，是一种群体本位。这种"群体本位"投射到政治思想领域，表现为将"民"看作是政权的根基，形成"民为邦本"的政治理念。

早在殷周之际，便有了"民惟邦本，本固邦宁"② 的提法。春秋战国时期，民众的地位在社会变革中得以彰显，民本思想由此活跃，得到了中国古代各个学派的认同。例如，孔子主张"节用而爱人，使民以时"③；老子提出"圣人无常心，以百姓心为心"④；《管子》认为"政之所兴，在顺民心；政之所废，在逆民心"⑤；荀子以舟水的关系比喻君民关系等。民本思想发展到两宋，新添了富有思辨意味的哲理内容，增强了理论深度。明清之际，资本主义生产关系开始萌芽，民本思想比以前更系统、深刻，出现了反对"君本"启蒙思想。例如，黄宗羲指出"姓之兴亡，私也，而生民之生死，公也"⑥；傅山则说"天下者，非一人之天下，天下之天下也"⑦。在古代中国，

---

①《习近平在北京大学师生座谈会上的讲话》，《人民日报》2018 年 5 月 3 日第 2 版。

②《尚书·五子之歌》

③《论语·学而》

④《老子》第四十九章

⑤《管子·牧民》

⑥［清］王夫之：《读通鉴论》卷十七

⑦［清］傅山：《陈批霜红龛集》卷三十二

民本思想不仅在学理上得以阐释，而且在一定程度上也得到了一些开明君主的认同。例如，汉初统治者吸取秦朝灭亡的教训，采取与民休息的政策，使社会生产力得以恢复；唐太宗李世民目睹农民起义中人民所表现出的巨大力量，也形成了“君依于国，国依于民”[①] “可爱非君，可畏非民。天子者，有道则人推而为主，无道则人弃而不用，诚可畏也”[②] 的深刻见解。

中国的“民为邦本”的精神虽然源远流长，但是，中国古代社会毕竟是君主专制的封建等级社会，人民处于社会的底层。进步思想家即使将民本思想在学理上论证得非常充分，其主张也难以从政治实践的层面得以推广。即使这些主张在一定程度上得到少数开明君主的认同，其实施的深度和影响的广度也非常有限。这种情形在社会主义新中国得到根本扭转，“民为邦本”开始从纸面上落实到政治领域。中国共产党的根本宗旨便是全心全意为人民服务，将群众路线作为自己的根本工作路线。毛泽东指出，“和最广大的人民群众取得最密切的联系”[③] 是共产党人区别于其他政党的显著标志之一。在此基础上，习近平进一步提出“党的最大政治优势是密切联系群众”[④]。“人民是历史的创造者，是真正的英雄”[⑤] 是中国共产党反复强调的理念。中国特色社会主义进入新时代以来，为了保障和改善民生，党和政府在收入分配、社会保障、教育、医疗等方面推出一系列重大举措，尤其注重加强普惠性、基础性、兜底性民生建设。目前，我国已经在全国范围内消除了绝对贫困，全面建成了小康社会，创造了人类减贫史上的奇迹。当前，中国共产党正在致力于进一步推动人的全面发展，力图实现全体人民共同富裕。可以说，在中国共产党的领导下，中华民族几千年来对美好生活的期盼才由理想一步步变为现实。这是“民为邦本”的民族精神在新时代的发扬光大。

---

① ［后晋］刘昫：《旧唐书》卷三，北京：中华书局，2000 年，第 56 页。
② 《贞观政要》卷一
③ 毛泽东：《论联合政府》，《毛泽东选集》（第三卷），北京：人民出版社，1991 年，第 1094 页。
④ 《中共中央关于党的百年奋斗重大成就和历史经验的决议》，北京：人民出版社，2021 年，第 66 页。
⑤ 习近平：《在庆祝中国共产党成立 100 周年大会上的讲话》，北京：人民出版社，2021 年，第 9 页。

第二章
创造中华民族精神的主体：多元一体的中华民族

中华民族精神由中华民族所创造，并伴随着中华民族的社会实践不断丰富发展。对于什么是中华民族，梁启超有一个很生动的说法，他说："凡遇一他族而立刻有'我中国人'之一概念浮于其脑际者，此人即中华民族一员也。"① 如果用理性的语言来给中华民族下个定义，便可以描述为："中华民族是主要生活于中华地域里的以中华文化为主要纽带而构成的包括汉族等五十六个民族以及世界华人在内的民族共同体。"② 多元一体是中华民族的特色，其中五十六个民族是基层，中华民族是总体。五十六个民族共休戚、共存亡、共荣辱、共命运，相互依存，不可分割。正如费孝通先生所说："中华民族作为一个自觉的民族实体，是在近百年来中国和西方列强的对抗中出现的，但作为一个自在的民族实体则是几千年的历史过程中所形成的。"③

一、中华民族萌生的历史起点

马克思说："有生命的人的存在，必须要一定的自然基础……任何历史记载都应当从这些自然基础以及它们在历史进程中由于人们的活动而发生的变更出发。"④ 远古时代，在中华大地上，自然基础最好的区域当数气候适宜、地势平坦、交通便利的黄河流域。当时这里生活着很多氏族部落，各个氏族部落之间相互交融，为黄河流域的文化统一和华夏族的诞生奠定了基础。关于早期的融合进程，现在只能到黄帝和炎帝的神话传说中去觅其线索了。

① 梁启超：《梁任公近著第一辑》（下卷），上海：上海商务印书馆，1923 年，第 43 页。
② 萧君和：《中华学初论》，哈尔滨：黑龙江教育出版社，1997 年，第 76 页。
③ 费孝通：《中华民族多元一体格局》，北京：中央民族学院出版社，1989 年，第 1 页。
④《马克思恩格斯选集》（第一卷），北京：人民出版社，1995 年，第 24 页。

黄河流域的民族融合进程经过原始社会，进入夏、商、周三代。这是向真正意义的国家过渡的时期，是文明社会的开端。此阶段，黄河流域的人民在生产方式、生活方式、语言文字、风俗习惯以及心理素质等方面逐渐趋于一致，血缘关系造成的隔绝状态进一步突破，中原认同意识逐步增强。到西周时期，华夏族的族称正式出现。西周将自己的统治区称为夏，将其所分封的诸侯国称为诸夏，又称为诸华。“华”与“夏”是同义词，《说文解字》曰，“夏，中国人也”，这样，汉族的雏形——华夏族开始形成。与华夏族相对而言的是蛮夷戎狄，这是炎黄部落联盟对周边环绕华夏、以游牧为生产方式的少数民族的泛称。蛮夷戎狄在经济、风俗习惯方面区别于华夏。华夏与蛮夷戎狄共存的事实表明：“一种有主干，又有枝叶，有融合，又有分化的格局和态势，在中华民族起源之初就已形成了。这是中华各民族关系的历史起点，也是中华民族萌生发展的历史起点。”①

公元前 770 年，受犬戎攻击，周平王迁都洛邑，西周灭亡，东周建立，中国进入了春秋战国时期。这虽是一个动荡的时期，但同时也是个经济大发展、文化大进步、民族融合加强的黄金时期。在前所未有的大争斗、大统一、大分化、大融合中，华夏文明得到了更新、发展，也得到了更大范围的继承与认同。华夏文明吸引着周边民族，不少原来被当作蛮夷戎狄看待的民族，接受了华夏族的生活方式、文化观念，而成为华夏族的一部分，他们的加入使华夏族从北方民族发展为地跨黄河、长江流域的主体民族。在这一时期，地域组合进一步取代了氏族血缘纽带，华夏族的中心地位进一步巩固。到战国时，非华夏族不是融合于华夏，就是迁徙到周边地区，形成了“内华夏而外夷狄”的格局。华夏族的生活区域扩大，人数增加，为汉民族的形成奠定了基础。春秋战国时期的结束，标志着以华夏族形成壮大为内容的民族融合的第一阶段已经结束，从此开始了从华夏族到汉族的民族融合进程。

二、中华民族多元一体格局的初步形成

公元前 221 年是中国历史上具有划时代意义的一年，秦始皇在这一年建立了中国

① 伍雄武：《中华民族的形成与凝聚新论》，昆明：云南人民出版社，2000 年，第 33 页。

历史上第一个统一的中央集权的多民族的封建国家。他在全国推行郡县制，统一度量衡，统一货币，统一文字，有力地消除了先秦时期“分为七国，田畴异亩，车途异轨，律令异法，衣服异制，语言异声，文字异形”① 的混乱局面。秦因暴政而短命，公元前202年，刘邦建立西汉。汉朝建立以后，继续以政权力量消除地区分隔的樊篱。首先，着手统一思想。汉武帝接受了董仲舒“罢黜百家，独尊儒术”的建议，将儒家思想确立为官方思想，完成了对华夏族/汉族灵魂的缔造，此后，儒家思想成为中华民族凝聚力的源泉。其次，不断拓展疆域。公元前60年设西域都护，将西域正式纳入西汉版图，并多次发动对匈奴的战争，使南匈奴归附汉朝，北匈奴则于公元90年左右远遁欧洲，不复为中原祸患。华夏族的生活区域随着国家版图的扩大而扩大，中原先进文明被播撒到全国各地，这为各民族的进一步融合奠定了基础，直接促成了华夏族向汉族的转化。“汉族”这一族称尽管直到南北朝时才出现，但汉族的族体特征在秦汉时已十分明显，虽无汉族之名，却有汉族之实。

自东汉末年董卓之乱之后，中国历史进入了魏晋南北朝时期，这是我国历史上第二次民族大融合时期。在近400年的历程中，少数民族与汉族经历了内迁—杂居—融合的过程，当时，无论是南方的汉族还是北方的汉族，都在与少数民族的混血中发展壮大起来。这一时期，“内华夏而外夷狄”的局面被进一步打破。北方的少数民族大规模内迁，中原地区出现了少数民族政权林立的状况，这些政权都不是单纯的民族政权，大多数都带有联合政权的色彩。同时，汉族也向南方大规模迁徙。这并不是各民族在空间上的简单位移，而是一种深层次的交融，其突出表现就是“汉化”。所谓“汉化”主要指中华各少数民族主动向华夏文化及其核心儒家文化靠拢，融入华夏文化并改造本民族文化的一种历史现象。“汉化”的倡导者往往是入主中原的具有远见的少数民族统治者，他们出于发展经济，夺取和巩固中原政权的目的，主动学习汉族的先进文化知识。通过汉化，以儒家文化为核心的中华文化得到各族人民的认同，中华各民族间的文化纽带进一步加强。

---

①《说文解字·序》

公元581年，隋朝建立，南北长期分裂的局面结束了，中华民族多元一体的格局初步形成。“天下一统”的观念本来就是华夏文化的传统，这种观念在《诗经·小雅·北山》“溥天之下，莫非王土；率土之滨，莫非王臣”的诗句中已可觅见端倪。春秋战国时期，很多有识之士都认识到天下终将归一的大趋势，并且从各自学术观点出发积极寻求一统天下的方案。秦始皇统一六国之后，曾在琅琊石刻宣称：“六合之内，皇帝之土。西涉流沙，南尽北户。东有东海，北过大夏。人迹所至，无不臣者。”汉武帝更是不惜花费庞大的人力、物力也要将匈奴部族置于自己的统治之下。但当时的“天下一统”的思想包含着内在矛盾，那就是既把蛮夷戎狄看作是自己的统治区应有的一部分，又不能完全接受他们，仍把他们视为异类。到了隋唐时期，中国封建社会发展到巅峰，华夏文化的魅力也经受住了魏晋南北朝时期的检验，这使隋唐统治者对同化少数民族的能力有了足够的自信。这一时期的统治者，大多能采取宽厚的长者态度，主张修文德以服远，在种种政策上表现出夷夏一体的宏大气魄，天下一统、四海宁一的局面开始真正出现。

隋唐时期在处理民族问题上特别值得一提的帝王便是唐太宗，他以仁义感召少数民族，从不轻易挑起战端。例如，唐太宗曾与东突厥缔结“便桥之盟”，后东突厥遭遇雪灾，有人向太宗建议乘虚而入，消灭东突厥，太宗却认为这是背信弃义之举，坚决不允。后来东突厥归顺唐朝之后，唐朝政府在其旧地设置都督府，实行羁縻府州制度。这一制度此后在其他少数民族地区得以推广，唐朝共在全国设立了856个羁縻府州。此外，唐太宗还通过和亲政策加强与周边少数民族的联系，在唐太宗派出的公主中，嫁到西藏的文成公主的影响最大，她为汉藏两族的交流做出了重要贡献。唐朝的民族政策起到了良好的效果：唐太宗曾被四夷君长拥立为“天可汗”；回纥也一直与唐朝保持着友好关系，其13位可汗中受过唐朝册封的就有12位，“安史之乱”时，回纥还派兵帮助唐王朝击败叛军；唐朝与吐蕃的关系也比较和睦，在拉萨大昭寺门口，至今屹立着吐蕃与唐朝的长庆会盟碑。由于民族关系处理恰当，唐代的疆域变得空前辽阔，中华大地形成了更多民族、更大规模的融合统一，出现了“胡越一家”的鼎盛局面。

三、宋元明清时期中华民族多元一体格局的巩固与发展

唐朝灭亡之后的五代十国乃至宋辽金时期是我国历史上第三次民族大融合时期。在这一时期，北宋、南宋的军事力量比较弱，而许多少数民族政权通过学习汉族先进的经济、文化，迅速崛起。在元、明、清三个朝代中，就有两个是少数民族统治者建立的政权，民族融合的程度和范围都超过了以往任何时代。在这一时期，中华民族的族称虽未出现，但中华民族多元一体的格局已经形成，并得到巩固与发展。

两宋王朝一直受到少数民族政权的威胁，实际统治区域十分有限。北宋与辽、西夏扛鼎，南宋又与金、西夏对峙。金由女真人建立，它先后灭掉了辽和北宋。其疆域囊括了整个中国北方。女真原来的社会文明程度较低，入主中原后，很快走上了封建化道路。他们大力推崇儒学，还实行科举制度，不少女真贵族酷爱儒家典籍。由于长期受汉文化的熏陶浸染，他们逐渐汉化而失去了女真人的特点，到蒙古灭金时，中原地区的女真人已被列入广义的汉人中去了。

1271 年，忽必烈建立元朝。1279 年，元灭南宋，结束了中国四分五裂的局面，中国重新成为多民族的统一国家，而且这是第一次由少数民族建立的全国政权。元朝虽由蒙古族所建，但却继承和发展了中原传统文化，大力汲取儒家思想，还加封孔子为“大成至圣文宣王”，并追封孟子为“亚圣”。在制度上，它与历代中原皇朝一脉相承，又有所创新，定官制、立行省、备礼乐、行科举，其中行省制度是蒙古族对中华民族的重要贡献。元朝还在特殊的地区实行特殊政策以配合行省制，如在西藏设立政教合一的体制，在边远地区又创立“土司制度”。这些制度将全国各地有效地置于中央政府的直接管辖之下，进一步促进了边疆的开发。在道路交通方面，元朝为加强对南方的控制，以便保证大都和上都的物资供应，在全国广建驿站，扩建大运河，并且首开海运，这对沟通南北经济、促进民族交流发挥了积极作用。元朝是中国历史上疆域最大的朝代，在广大的国境之内，民族众多，形成了空前规模的民族杂居局面。

1368 年，朱元璋建立明朝，重新恢复了汉人的统治。明朝继承了元朝的行省制

度、土司制度，并且比元代更为完善和严密。同时，为适应各民族密切联系的客观要求，明朝虽有重提“内夏外夷”的倾向，但基本上摒弃了元朝的民族歧视政策。例如，明太祖曾说，蒙古、色目人“能知礼仪，愿为臣民者，与中夏之人抚养无异”①；明成祖进一步指出：“近世胡元，分别彼此，柄用蒙古鞑靼，而外汉人南人，以至灭亡，岂非明鉴？”② 正是在这种思想的指导下，明代从少数民族中涌现出一批功臣良将、文艺科技人才，例如率领船队七下西洋的郑和就是回族人。

清朝是中国历史上又一个由少数民族建立的全国性政权。1636 年，皇太极称皇帝，改国号为清，改族称为满洲族。1644 年，清朝乘李自成领导的农民起义灭明之机，攻入北京。在剿灭了农民军，消除了南明政权的抵抗之后，清朝开始了一系列加强国家统一的措施。在西藏，先后制定了《西藏善后章程》和《钦定西藏章程》，对西藏进行了全面改革，加强了驻藏大臣的权力，并在中央设立理藩院管理蒙藏事务；在新疆，先后平定了准噶尔部叛乱以及大、小和卓叛乱；在南方，平定了以吴三桂为首的三藩之乱并且统一了台湾；清朝前期还多次击退了俄国和英国的入侵。经过对内对外的一系列斗争，清初实现了包括新疆、西藏、台湾在内的全国统一，东南西北的疆域得到了全面的巩固和加强，基本上奠定了近代中国的版图。清朝入关后，在封建法制、政治机构方面几乎沿袭了明朝的体制。人数较少的满族人因与汉人杂居，也产生了汉化趋势。从皇帝到满洲贵族都孜孜不倦地学习经史典籍。清朝在统治全国初期虽然曾实行歧视汉族的政策，但是并不能阻止长期满汉杂居中因通婚等方式而发生的血缘融合。在这一时期，汉族人口继续扩大。

由于元朝和清朝都是由少数民族建立的全国性政权，这实际上是对中华民族的内部格局所做的一次重大调整，这意味着“内夏外夷”观念已被彻底颠覆。在少数民族统治时期，中华传统文化非但没有中断和毁灭，相反，随着中华民族内部关系的调整，不同民族间获得了前所未有的接触、交流、了解的机会，反倒进一步加深了民族融合和文化的互相渗透，进一步加固了民族间联系的文化纽带。这一时期，在整个中

---

①《明实录·明太祖实录·卷二十六》
②《明实录·明太宗实录·卷一百三十四》

华民族凝聚力不断增强的同时，各少数民族也保持了各自相对的独立性，今天的五十六个民族在清朝时已经基本形成。可以说，经过宋、元、明、清时期的发展，中华民族的内部关系更趋合理、稳定和密切，中华民族多元一体的格局进一步巩固与扩大了。

四、近代以来中华民族意识的觉醒

费孝通先生说："民族是一个具有共同生活方式的人们共同体，必须和'非我族类'的外人接触中才发生民族的认同，……所以有一个从自在到自觉的过程。"这一论断符合中华民族的发展状况。在近代之前，虽然中华民族多元一体的格局早已形成，但还没有形成"中华民族"这种表述方式。"中华民族"这一专称，是在近百年来中国和西方列强的对抗中出现的。中华各民族面对外敌入侵，在团结斗争中逐渐从自在走向自觉，意识到彼此是一体的。

1840 年，鸦片战争爆发，英国侵略者用坚船利炮打开了中国的大门，此后，帝国主义一次次发动侵略战争，将中国置于割地赔款、丧权辱国的境地。内忧外患促使中国人民反省，从器物层面到制度层面，再到文化心理层面，痛苦而深刻。中国人在反省中认识到我国各民族实际上是一个整体，有着共同的利益和共同的命运，必须团结一致，共同抗击敌人。这样，一个能够凝聚中华各民族意志和力量的词汇——"中华民族"便应运而生了。1903 年梁启超在《政治学大家伯伦知理之学说》中说："吾中国言民族主义者，当于小民族主义之外，更提倡大民族主义。小民族主义者何？汉族对于国内他族是也。大民族主义者何？合国内本部属之诸民族以对于国外之诸族是也。"1906 年，梁启超在《历史上中国民族之观察》中开始使用"中华民族"一词，他说："现今中华民族自始本非一族，实由多数民族混合而成。"1912 年，孙中山以中华民国大总统的身份在《中华民国临时大总统宣言书》中宣告："国家之本，在于人民。合汉、满、蒙、回、藏诸地为一国，即合汉、满、蒙、回、藏诸族为一人，是曰民族之统一。""中华民族"这一提法也得到了少数民族的认同。面对外蒙古在沙俄庇护下唆使内蒙古独立这一分裂祖国的行径，1913 年，内蒙古西部 22 部 34 旗在归绥召开西蒙古王公会议，并发表声明说："我蒙同系中华民族，自宜一体出力，维护民国。”这是第一次在少数民族的政治文告中出现“中华民族”的称谓。1937 年，日军全面侵华，抗日战争使中国人民更紧密地团结在一起，中华民族这一概念得到了全面认同，中国共产党提出建立抗日民族统一战线的主张得到了全国各派政治力量和各阶层的响应，“中华民族”这一概念，成为抗日战争时期最响亮的号召、最鲜明的旗帜。

新中国成立之后，党和政府以全新的思路对旧中国遗留下来的民族问题进行全面的梳理和研究，完成了民族识别和民族历史调查两项艰巨的任务。中国共产党始终贯彻民族平等的策略方针，并将之写入宪法中，1954 年第一届全国人民代表大会第一次会议上通过的《中华人民共和国宪法》规定：“中华人民共和国是统一的多民族的国家。各民族一律平等。禁止对任何民族的歧视和压迫，禁止破坏各民族团结的行为。各民族都有使用和发展自己的语言文字的自由，都有保持或者改革自己的风俗习惯的自由。各少数民族聚居的地方实行区域自治。各民族自治地方都是中华人民共和国不可分离的部分。”半个多世纪的历史证明，中国共产党处理民族关系的政策和方针是完全正确的。中华民族形成和发展的历史也深刻表明，中华民族的团结是中华各民族的历史选择，符合各民族的根本利益，五十六个民族具有一种源远流长的内聚力，是一个荣辱与共、相互依存、不可分割的整体，共同创造和实践着中华民族精神。

第三章
追溯中华民族精神的历史渊源

“人们的意识，随着人们的生活条件、人们的社会关系、人们的社会存在的改变而改变。”① 中华民族精神的独特风貌与古代中华民族赖以生存的自然环境、经济政治环境和思想文化环境息息相关，它们构成了孕育中华民族精神的历史渊源。

一、从自然环境中寻访中华民族精神的端倪

自然环境与民族精神的形成有密切关系，这一点从18世纪开始就被一些思想家注意到了。例如，18世纪的法国思想家孟德斯鸠曾举例说：“热带地区的民族怯懦而使这些民族沦为奴隶，而寒冷地带的民族的勇敢使他们保持自己的自由，这是自然的原因所产生的后果。”② 19世纪的德国哲学家黑格尔将地理环境视为民族精神“进行表演的场地”，他认为“自然类型和生长在这土地上的人民的类型和性格有着密切的联系”③。马克思也曾指出，人类历史必须依赖一定的自然基础，它包括“地质条件、地理条件、气候条件及其他条件，任何历史记载都应当从这些自然基础以及它们在历史进程中由于人们的活动而发生的变更出发”④。20世纪初我国也有学者指出：“人本为境遇所支配之动物，外界之状态，其有利于人性之养成，匪浅鲜矣，故国土之地形，往往影响于民族特性之发达。”⑤

诞生中华民族精神的自然环境有三个突出特点：其一，中华大地幅员辽阔，是一个四周具有天然阻隔的相对独立的地理单元。它东西跨经60度，南北跨纬30度，地

①《马克思恩格斯选集》（第一卷），北京：人民出版社，1995年，第270页。
②［法］孟德斯鸠著，孙立坚等译：《论法的精神》（上册），西安：陕西人民出版社，2001年，第314页。
③［德］黑格尔著，王造时译：《历史哲学》，上海：上海书店出版社，2001年，第85页。
④《马克思恩格斯选集》（第一卷），北京：人民出版社，1995年，第24页。
⑤ 张枬、王忍之：《辛亥革命前十年间时论选集》第一卷（上），北京：三联书店，1960年，第427页。

域辽阔、地形复杂、气候多变。从地势来说，我国自西向东可分为三个阶梯，海拔逐渐下降；从气候来说，我国由东到西雨量递减，由南向北，气温递减。总体而言，我国东、南濒海，北有沙漠，西和西南有高山，内陆地区的气候、地理条件相对优越。这种自然特点，形成一种天然的“围墙”，使“周边少数民族向内地发展比向外发展要容易得多，因而形成了一种自然的内向性。这种自然的内向性……成为维系中华民族间联系的纽带”①。地理环境的差异是产生民族间区别的最早因素，“汉族聚居的黄河、长江中下游地区，由于其地理条件的优越，生产发展始终处于领先地位，并在物质上、生产技术上和文化方面影响着周边的少数民族地区，因而形成了一种自然的凝聚力。这种建立在物质基础上的凝聚力，是不以人们的主观意志为转移的”②。中国古代这种地形特点使中华各民族向内发展要比向外发展容易得多，对促进中国各民族间的融合、形成中华民族的整体观念、增强各民族间的认同感和凝聚力有重大作用。此外，这种地形特点还在中华先民的心中植下了中国是天下中心的深刻信念。这种信念以现代的认识水平来看，当然不客观，但在漫长的历史过程中，这种优越感却激发出中华先民强烈的自信心和自豪感，激发出对祖国的热爱。其二，古代中国基本上属于一个内陆国家。中国虽然拥有漫长的海岸线，但中国远离海洋的地区面积要远远大于沿海地区，又由于中国的黄海和东海风浪强，良港较少，受古代航海技术的限制，中华民族没有向海洋发展，陆上生活比海上生活要相对平稳和安全，“尽管生活亦甚艰辛，但一般也没有什么大风险，用不着时常为性命担忧”③。陆上生活的相对安稳使“和谐安定”既成为中国人的生活习惯，又成为中国人对理想人生的一种追求，成为民族心理的一部分。其三，灾害频繁。据李约瑟统计，在过去的 2 100 多年间，中国发生了1 600多次大水灾和1 300多次大旱灾④。这给中华民族带来了苦难，但也锻炼了中华民族的生存能力，铸就了中华民族不畏艰险、吃苦耐劳的品质。

当然，自然环境因素只是影响中华民族精神风貌的一个因素，比它更重要的是中

①② 白寿彝：《中国通史》（第一卷），上海：上海人民出版社，1989 年，第 148 页。
③ 共青团中央宣传部：《历史文化的沉思》，北京：学苑出版社，1990 年，第 25 页。
④ 肖君和：《华魂（第一卷）·中华民族精神》，哈尔滨：黑龙江教育出版社，1993 年，第 276 页。

华民族所处的经济环境、政治环境和思想文化环境。正如黑格尔所说："我们不应该把自然界估量得太高或者太低：爱奥尼亚的明媚的天空固然大大地有助于荷马诗的优美，但是这个明媚的天空决不能单独产生荷马。而且事实上，它也并没有产生其他的荷马。在土耳其统治下，就没有出过诗人了。"①

二、从生产方式与政治结构中探索中华民族精神的成因

作为中华民族主体的汉族发源于黄河流域和长江流域，这两处地方地处温带，水源充足、土壤肥沃，适宜农业生产，因而农耕在相当长的时间内成为中国人的主要生产方式。历代王朝都以农立国，重视农业生产，可以说农业生产是古代中国最重要、最基本的经济活动。以农为本的经济模式对中国人的精神层面产生了深远的影响。首先，农业生产要求人们"凡举大事，毋逆大数，必顺其时，慎因其类"②，只有遵循自然界四时变迁的规律和万物生长发育的常理，才能有所收获，这使得中华先民对天地和谐运行、对天人和谐相处充满渴求，"和"的素朴观念随之植根于人们心中。其次，农业生产一般以一年为周期，经过冬天的萧瑟肃杀之后，代之而来的则是万物更新、生机勃勃的春天景象；在付出春、夏两季的艰辛劳动之后，到金秋便能收获果实。农业生产的这一特点培养出中华民族勤劳、乐观、理性的人生态度。再次，农业生产以土地为生产资源，土地耕作较之游移不定的游牧生产来说更为稳定，天灾人祸可以毁掉家园，却毁不掉土地，一息尚存就有生活复苏的可能，这对培养中华民族的"韧"性大有裨益。农业生产的这种稳定性，成为中华文化传统代代相传、从未切断的经济背景。最后，疆域广大，资源丰富，农作物品种繁多，在古代中国，中华民族基本上能够做到自给自足，根本不需要对外掠夺。地大物博培养了中华民族仁爱、宽厚、爱好和平的特点，使中国举手投足间充满大国风范，汉武帝时，"天子每巡狩海上，悉从外国客，大都、多人则过之，散财帛以赏赐，厚具以饶给之，以览视汉富厚焉"③。

---

①［德］黑格尔著，王造时译：《历史哲学》，上海：上海书店出版社，2001 年，第 85 页。
②《礼记·月令》
③《资治通鉴》卷二十一

伴随着农耕生产方式，所萌发出来的是人们对于土地的深深眷恋。在中国人眼中，土地是衣食之源、生命之根，甚至是修身之本。《易经·系辞》写道：“安土敦乎仁，故能爱。”《礼记》写道：“不能安土，不能乐天。不能乐天，不能成其身。”① 在民间，也有“宁恋家乡一捻土，莫爱他乡万两金”的谚语。在古代中国的农村，土地庙随处可见，土地爷爷和土地奶奶被人们塑造成一对慈眉善目、和蔼可亲的老人，这反映出中国人对土地由衷的爱慕与崇拜。古时候的中国人往往以衣锦还乡为最大的荣耀，以魂归故里为走向人生归途时的最后选择。这种对乡土的眷恋，构成了爱国情怀的基础。当然，过重的乡土情结也有可能萌生狭隘的心态，并且往往与妄自尊大、盲目排外、看不起外乡的地方观念混合在一起，容易加剧民族的内耗和纷争。所以，只有将爱故乡之情升华成爱祖国之情，才能适应时代发展的潮流。

法国思想家爱尔维修指出：“各个民族的性格和精神是随着它们的政治形式变化的。”② 中国古代社会以中央集权的封建专制体制为特点，在政治结构上主要表现为“家国同构”的模式，在政治目标上主要追求的是四海为一的“大一统”境界。这样的政治特点对中华民族精神的影响主要体现在三个方面：其一，在民族观上，追求融合。在古代中国，“华夷之辨”主要是个文化概念，表征的是文明程度的高低，而文明的差异可以通过教化和学习来弥补，这样的理念为民族间的融合提供了通道，为政治上的“大一统”做好了准备。在中国历史上，这样的民族观很早就出现了。例如，《春秋公羊传》将春秋 242 年的历史划分为“据乱世”“升平世”和“太平世”三个阶段。“据乱世”的主要特征是“内其国而外诸夏”，“升平世”的主要特征是“内诸夏外夷狄”，“太平世”的主要特征是“夷狄进至于爵，天下远近大小若一”。甚至“哪个民族入主中原并不重要，重要的是看这个政权建立了什么样的制度，使用什么样的意识形态进行统治，以怎样的文化内容涵化社会，而不能以民族简单而论”③。其二，在意识形态上，追求统一。“大一统”的施政目标主要表现为中央政府致力于统一治国思

① 《礼记·哀公问》
② 北京大学哲学系编译：《十八世纪法国哲学》，北京：商务印书馆，1979 年，第 502 页。
③ 陈理：《大一统理念中的政治与文化逻辑》，《中央民族大学学报》（哲学社会科学版），2008 年第 2 期。

想和意识形态。自汉武帝“罢黜百家，独尊儒术”之后，儒家思想就成为官方统治思想，对儒家文化的掌握程度成为选拔官吏的尺度，对儒家伦理道德践履的好坏成为评判一个人道德品质、社会价值的主要标准。政治意识形态上的统一有助于增进民族间的价值认同，从而进一步增强民族间的内聚力。需要指出的一点是，在中国历史上，思想统一主要集中于政治领域，在文化层面仍然认可民族文化的多样性，如同《礼记·王制》所指出的那样：“中国戎夷五方之民皆有性也，不可推移”，应该“修其教不易其俗，齐其政不易其宜”。正因为如此，政治上的集权、专制并没有使中华民族丧失宽容精神，在中国文化史上，儒、释、道长期并行不悖的罕见文化格局就是中华民族兼容并包的文化价值观的有力证明。其三，在社会心理方面，崇尚责任感和归属感。中国古代家国同构的政治结构倾向于将国家看作放大了的家庭，用家庭关系来比拟国家内各成员的关系。例如，将君臣、君民关系比作父子关系，用治理家庭的模式来治理国家，将家长制的作风用于国家管理之中。忠和孝是家国同构的情感基础，在家要尽孝，对国要尽忠。“家国同构”的政治结构反映到社会心理上就表现为个人→家庭→家族→民族→国家。这样一种政治结构尽管与封建专制联系在一起，但也在一定程度上促进了社会成员的责任感和归属感，增强了民族间的凝聚力，有利于培养朴素的爱国之情。

三、从神话传说中觅寻中华民族精神的踪迹

神话是远古时代、蒙昧时期人类精神活动的产物，是人类童年时代心路历程的写照，是先民把握世界的一种方式。每一个民族的神话都传达了这个民族对于世界的最初认识，它以幼稚的想象的方式浓缩了一个民族关于远古时期的记忆。它从一开始就被打上了民族个性的深刻烙印，蕴含着一个民族主体方面的内在规定性，表征着该民族独特的思维特点、情感方式、价值取向和人生态度。可以说，神话就是一个承载着民族文化基因的伟大宝库。民族神话的不同内容和不同风格，反映出民族精神的差别。法国著名学者丹纳做了一个生动的比喻，他将神话比作一个民族的“原始底层”，认为这一原始底层“在最初的祖先身上暴露的心情和精神本质，在最后的子孙身上将

照样出现"[1]，因此，要追寻民族精神的足迹绝不能绕开该民族的神话。

在探索中国神话传说对塑造中华民族精神所起的作用时，有两点特别值得关注：其一，中国的神话传说几乎不含有宗教式的宿命意识，它充满的是理性、务实、乐观的精神。例如，对于"火"的来源，古希腊神话认为来自普罗米修斯从天上盗来的火种，而中国古代神话则直接根据生活经验，认为是燧人氏钻木取来的火种，这包含着对人类智慧的肯定。再如，在中国神话传说中，英雄人物一般都是经过后天努力才获得成功，因其自身的道德魅力才获得众人推崇。例如，大禹就是其中的典型。大禹治水的成功，靠的不是天赋的神力，而是"劳身焦思，居外十三年，过家门不敢入"[2]的牺牲精神和"身执耒臿以民为先，股无胈，胫不生毛"[3]的吃苦耐劳精神。中国神话所体现出的乐观精神也很突出，那些直接以胜利告终的故事自不必说，就是以悲剧结束的故事，中华先民也往往给它加上一个充满希望的"尾巴"。例如，炎帝最小的女儿女娃淹死后化为精卫鸟；夸父渴死后，其手杖化为桃林；鲧治水失败后又生下了禹，继续完成他未竟的事业等。其二，与希腊神话注重个性、知识性和趣味性不同，中国神话的内容则侧重于伦理精神以及道德教化。在希腊神话中，诸神都具有复杂的性格，很难用一个"善"或"恶"来简单概括。而中国神话传说所讴歌的神人或英雄，虽然所从事的活动各异，但在性格上却差异不大，他们都有着强烈的社会责任感和历史使命感，往往以救苦救难、律己甚严的有德之士的面目出现，都具备聪明智慧、勇敢无畏、务实乐观、公而忘私、勤劳朴实、开拓进取、坚韧不拔、矢志不渝的崇高精神。他们在道德上无可挑剔，是人们效仿的楷模。可以说，中国神话传说与社会伦理教化结下了不解之缘。后人从女娲补天、精卫填海、愚公移山、羿射九日、钻燧取火、神农尝百草、大禹治水等神话传说中，获得的主要不是智慧和经验，而是精神力量。

通过中国神话特有的表达方式和表达内容，先民重德、务实、理性、乐观、勤劳、勇敢、坚忍，以大局为重的价值取向与精神追求，已经初步展现出来，这正是中

---

① ［法］丹纳著，傅雷译：《艺术哲学》，北京：人民文学出版社，1963 年，第 354－355 页。
②《史记·夏本纪》
③《韩非子·五蠹》

华民族精神的萌芽。先民的优秀品质，经过世世代代的丰富发展，成为中华民族精神的有机组成部分，激励着一代又一代的后来人。陶渊明在《读山海经》中写道“夸父诞宏志，乃与日竞走”① “精卫衔微木，将以填沧海”②，其赞美之情跃然纸上。顾炎武作《精卫》诗自励：“万事有不平，尔何空自苦？长将一寸身，衔木到终古？我愿平东海，身沉心不改！大海无平期，我心无绝时。”在中国共产党第七次全国代表大会上，毛泽东以愚公移山的精神激励中国人民坚持斗争，争取更大的胜利。中华先民的光辉业绩和高尚情怀被嫁接在神话传说的英雄身上，并借助他们的活动折射出来；在神话传说的流传过程中，先民的性格与精神得以强化并被后代继承下来，熔铸到中华民族精神之中，成为中华民族生息繁衍的内在动力。

四、从思想文化中挖掘中华民族精神的营养之源

民族精神的形成与发展尽管受到多种因素的影响，但是它与民族传统文化的关系最为直接和密切。民族传统文化汇集了一个民族过去的思想文化中与该民族最切合的部分，内容丰富，历经各个时代的锤炼，生命力特别顽强，影响力异常深远。它是一个民族的生存智慧和历史经验的结晶，最能代表该民族的特色。历史是割不断的，也是回避不了的，民族传统文化既是一个民族过去生存态度和生存方式的表达，又构成了该民族继续发展的文化环境和心理背景。传统文化是孕育民族精神的母体和基石，传统文化中最符合该民族利益，最能促进该民族发展的优秀思想直接锻铸了该民族的民族精神。因此，研究一个民族的民族精神就要从分析该民族的传统文化入手。孕育中华民族精神的中华传统文化，其总体格局是“以儒学为主干，儒释道互补”，除儒、释、道之外，墨家、法家在中国历史进程中也曾经产生过较大影响。它们共同建构起中国文化的骨架，可谓中华民族精神的营养之源。

儒家思想覆盖面广，渗透性强，居于中华传统文化的核心，是锻铸中华民族精神的主要原材料。纵观儒学对中华民族精神的影响，主要体现在如下四个方面：其一，

① ［晋］陶渊明：《读〈山海经〉十三首》之九
② ［晋］陶渊明：《读〈山海经〉十三首》之十

儒学沿着西周以来重人轻神的思想理路，进一步以理性思维代替宗教神学，以人文精神淡化宗教意识。在其视野中，与现实中的自然事物相比，人最为尊贵；与观念中的超自然力量相比，人是中心和目的。儒学的这一思想倾向开启了中华文化的人文主义传统。儒学对人生命价值的关切和对人存在地位的肯定，挺立起了中华民族在世上生存发展的信心，从心灵层面拓展了中华民族自我发展完善的空间，成为中华民族不畏艰险、积极向上、自强不息的动力之源，也为培育理性务实的精神做出了贡献。其二，儒学认为人性可以完善，这种对人性的看法，从理论上说明了对人进行教化的可能性和必要性，促进了中华民族尊师重教传统的形成。关于教化的内容，儒家开出了“仁”“义”“礼”三大纲目，贵仁、尚义、明礼的精神将中华民族塑造成注重道德价值、注重追求精神满足的民族，为中华民族文化素质的提升和良好社会风气的形成起到了重要的推动作用，使得中华民族很早便以礼仪之邦著称于世。其三，儒学奉行“群体本位”，以“群”作为协调人际关系的指归，寓个体于群体之中，按照社会关系定位个体的社会角色，并根据社会角色赋予个体相应的权利、责任和义务，将个体价值与群体价值紧密相连。在儒学“群体本位”的熏陶之下，中华民族成长为以社会整体利益为最高准则，以天下兴亡为己任的识大体、顾大局，深具爱国主义和集体主义精神的民族。其四，儒学视中庸和谐为最高境界，其普遍和谐的观念，把中华民族塑造成一个心胸宽广、爱好和平，以中正和谐为理想境界，视天地人为统一整体，追求民族融合、追求国家统一的深具包容和谐精神的民族。包容和谐的精神深深地渗透到中国人的思想深处，内化成一种民族心理，是中华民族的凝聚力之所在。总之，儒学为培育中华民族精神做出了重要贡献，在中华民族精神的每一种具体的精神中，都可以找到儒学的内核，儒学在中华民族精神的形成和发展中起到的是培养基和发展源的作用。

道家崇尚天道，向往因循自然的朴素、自由的生活，具有鄙弃功利和权势的反抗精神。道家以老子和庄子为代表。就思想侧重点来看，老子倡导无为、不争、谦退、柔弱、虚无、清静，希望人们能返璞归真，保持赤子之心；庄子则注重从“道”的角度关照万物，超越利害、贵贱、是非、得失、荣辱、祸福、生死，追求没有苦难的逍遥自由的精神境界。《庄子》一书中大量关于神人、至人、真人的描绘，就是这种愿望的表达。老庄的这些思想理念尽管包含着消极避世的因素，但同时也传达了豁达、乐观、超脱的精神，这些精神深深地浸润着中华民族，使得“中国人很少呈现真正彻底的悲观主义，他们总是愿意乐观地眺望未来”①。

战国时期，与儒家并称显学的还有墨家，他们讲究功利、注重实效，在名实关系上，墨家主张“取实予名”“察类明故”；在检验认识的标准上，墨家从经验和事实出发，主张“上本之于古者圣王之事……下原察百姓耳目之实……废以为刑政，观其中国家百姓人民之利”② 的“三表法”；在社会政治生活方面，墨家以兴天下之利，除天下之害为核心，针对当时的社会弊端，提出了“尚贤”“尚同”“节用”“节葬”“非乐”“非命”“兼爱”“非攻”“天志”“明鬼”十项主张。墨家思想作为整体虽然因为自身与当时社会现实的差距过大，缺乏落实的土壤而在历史发展中逐渐湮灭了，但墨家思想的精粹却以各种形式流传下来，中华民族的务实精神、勤俭节约的精神、爱好和平的精神等都与墨家思想关系密切。

法家思想也是中华传统文化的重要组成部分，中国历史上有“外儒内法”的说法。法家倡言法治、提倡纲纪，如何增强国力、如何在诸侯国的竞争中胜出以建立起中央集权的帝国是法家关注的焦点问题。在治国方略上法家比儒家更现实，是对儒家道德理想主义的补充。法家对于中华民族精神的形成也发挥了重要作用。先秦法家集大成者韩非子，在继承商鞅等前期法家关于古今异势、因时变法观点的基础之上，提出应根据盛衰存亡之理来“变古异常”，主张“美当今”，反对“法先王”，指出“世异则事异，事异则备变”③，认为“法与时转则治，治与世宜则有功”④ “欲以先王之政，治当世之民，皆守株之类也”⑤等，这些观点是中华民族应变精神的来源之一，为培育中华民族革故鼎新的意识做出了贡献。

佛教在汉朝时由印度传来。为了更好地在中国发展，佛教学者在阐发佛教义理时

① 李泽厚：《秦汉思想简议》，《中国社会科学》，1984 年第 2 期。
②《墨子・非命上》
③⑤《韩非子・五蠹》
④《韩非子・心度》

大多选择向中华文化靠拢，尤其注重吸收儒家、道家的思想，自觉地与中国固有的思维方式、民族心理、社会诉求相结合。因此，印度佛教尽管是中国佛教的源头，但是，进入中国之后的佛教，却在不断中国化的过程中，表现出异于印度佛教的特点，它不再是“印度佛教”，而是变成了“中国佛教”，变成了中华传统文化的一部分。佛教以参透万法实相、彻悟人生为主题，关注心灵痛苦的解除，提倡三世轮回、因果报应说。它虽然是一种出世法，但也包含着积极的入世精神和鼓励人努力向上的人间品格。例如，佛教哲学基于缘起论的依存关系，倡导“平等”理念和“慈悲”理念，佛教的“平等”理念认为众生平等，对众生要“随类度化”，一视同仁，不分贵贱贤愚；佛教的“慈悲”理念的“慈”指的是慈爱众生，给众生以快乐；“悲”指的是怜悯众生，拔除众生之痛苦。“众生”在佛教的视野中，不仅指人，而且包含其他一切生灵。佛教追求“自觉觉他”，在佛教看来，利他即是利己，度人亦即在自度，鼓励人“诸恶莫做，众善奉行”，等等。佛教的这些思想为培育中华民族自律、宽容、人道等精神做出了贡献。

总之，在漫长的历史长河中，中国历史上出现过的各主要思想流派相互补充，共同培育着中华民族精神。

第四章
儒学对中华民族精神的培育

关于中华民族精神所包含的具体内容，学界常见的探讨方式是“列举描述式”，例如，本书第一章就从自强不息的精神、包容和谐的精神、利群爱国的精神等九个方面对中华民族精神的内涵进行了归纳和概括。如果翻阅研究中华民族精神的专著和论文，会发现关于中华民族精神的具体内涵的说法可谓众说纷纭，见仁见智。

以“列举描述式”的方法来概括中华民族精神的内涵，有一定的优势，那就是可以从点入手，使中华民族精神更具体、更形象、更生动，从而更有利于宣传部门宣传和人民群众接受、理解。但是，“列举描述式”研究方法的缺陷也很明显，这一方面是因为中华民族精神所包含的因素本身便十分丰富，在中华民族 5000 多年的发展历程中，其具体表现形式多种多样，不胜枚举，不同的研究者完全可以从不同的视角出发进行领悟和概括。正因为如此，无论将中华民族精神的内涵概括成多少种，都仍然不能避免以偏概全之嫌。另一方面是因为孕育中华民族精神的中华传统文化博大精深，赋予中华民族精神活力的时代精神层出不穷，这使得中华民族精神的内涵成为一个有着深厚历史积淀且不断进行自我更新的动态发展系统，想用几个具体精神来穷尽一个正在发展变化中的事物，这也几乎是不可能的。所以，“列举描述式”显然难以彰显中华民族精神的开放性、包容性和多样性。

与“列举描述式”研究方法相对的是“系统归纳式”的方法。“系统归纳式”主要是对“系统论”方法的应用。“系统论”的核心思想是整体观念，作为方法它要求把所研究和处理的对象当作一个系统，分析系统的结构和功能。系统论认为系统是由若干要素以一定结构形式联结构成的具有某种功能的有机整体，整体性、关联性、等级结构性、动态平衡性、时序性等是系统的基本特征。系统论的方法完全可以运用到民族精神问题的研究之中，因为民族精神“是一种完整的文化现象，一个层次有序的有机集合体。它的各个部分分别处于不同位置，承担着不同功能，同时又互相协调、互相作用、互相渗透和互为条件”①。以系统论为指导方法，从功能出发对民族精神的内涵进行解构，可以得出这样的结论：民族精神作为一个民族的精神支柱，从宏观角度分析，它必然应该具备如下功能：激励该民族前进的功能、教化该民族向善的功能、使该民族人与人之间关系更协调的功能、团结凝聚该民族的功能，以及在该民族感到困惑或疲乏时对该民族心灵进行安慰的功能。与此五种功能相对应，民族精神可以分为五大系统：激励系统、教化系统、协调系统、凝聚系统和安慰系统。这五大系统是紧密相关的：民族精神的激励系统为该民族规设了奋斗的目标，并提供了进取的动力；民族精神的教化系统和民族精神的协调系统为完成激励系统的奋斗目标提供了具体的可操作的手段；民族精神的凝聚系统是前三个系统作用于民族全体成员所产生的凝聚效果的表达；民族精神的安慰系统是前三个系统作用于该民族每个个体成员所产生的心灵支撑效果的表达。同时，这五大系统每一个都是开放的，可以随着时代的发展不断容纳新的精神进来。

“系统归纳式”的方法，显然更具有概括性和开放性，这种方法对任何一个民族的民族精神都是适用的。那么这样一种分类方法怎么来体现各个民族的民族精神的特色呢？那就是尽管每个民族的民族精神都可以分为这五个系统，但不同的民族其传统文化各不相同，现实实践也各有特色，由此形成了各个民族的民族精神的不同内容。这样一种解读民族精神的方式可以比较好地突破“列举描述式”研究方法的局限。

基于上述认识，本章将中华民族精神的内涵按功能划分为中华民族精神的激励系统、中华民族精神的教化系统、中华民族精神的协调系统、中华民族精神的凝聚系统和中华民族精神的安慰系统，进而探索中华传统文化的主干——儒学为培育中华民族精神的五大系统所做出的贡献，通过这样一种分析，中华民族精神传统部分的风貌便可基本展现出来了。

---

① 涂可国：《论中华民族精神的基本结构与主要特征》，《山东社会科学》，2006 年第 3 期。

一、儒学对中华民族精神激励系统的培育

所谓中华民族精神的激励系统，是指能够为中华民族提供进取动力的精神因素的集合，自强不息精神是其中的核心精神。自信是自强的起点，只有对自身有充分自信的民族，才能产生不断进取的动力。因此，中华民族精神激励系统的展开，必然以中华民族的自信心为逻辑起点。自信心为一个民族的发展和完善提供了前提和空间。但要将愿景化为现实，仅仅有信心、有发展的空间还是不够的，更为重要的是要有切切实实的能力，这样激励系统才能实际开展。这是构建激励系统所必需的逻辑上的第二环。儒学为这两环都注入了思想基因，并在两千多年的实践中，凭借自身在古代中国独领风骚的文化地位对中国人的精神世界发挥着深远影响，为中华民族精神激励系统的建构提供了精神内核。

（一）激励系统得以展开的逻辑起点

中华民族自信心的来源是广泛的，悠久的历史、丰富的物产、壮丽的河山都可以成为自信心的源泉。若从思想意识方面寻找根源，则来源于中华民族对“人”在宇宙、社会、人生中地位的理解。在这个问题上，中华民族历来就有一个良好的传统，那就是在反思人的地位时，既不盲目自大，也不过分自卑；既敬畏天，但是又不迷信天、依赖天，而是肯定人的主体地位，相信人具备较大的自我完善、自我发展的空间。中华民族的这种理性认识，是在中华传统文化长期熏陶浸染之下形成的。

在中华传统文化中，占据主导地位的是哲学而不是宗教。哲学与宗教不同，宗教关注的重心在彼岸，以崇拜、信仰为指归，人隐没在超人的神灵的影子里，或视人生为苦难，或视人身为罪身，在神面前，人的地位是卑微的。哲学则以理性精神为指归，但不同的哲学关注的重心却不同。西方哲学是以理性精神关照自然，宇宙论、知识论发达；中国哲学则是以理性精神关照人自身，人生哲学、政治哲学发达。中华先哲从来不单纯地思考宇宙问题，而总是将其与人生问题联系在一起，讲天理是为讲人理提供根据，论天道是为论人道树立准则。中华文化的这种人文理性精神可以追溯至

西周，在西周之前人们唯神是瞻，事事占卜。西周取代商朝之后，为了总结商朝灭亡的教训，也为了给政权更迭寻找更多的合法性，周人提出了“天命靡常”① “皇天无亲，惟德是辅”② 的思想，认为人的主观努力可以影响天意，这就在一定程度上肯定了人的能动性。此后，人道从神道中崛起的势头越来越强烈，那个时期的很多思想家都表达了类似的思想。例如，史嚚曰：“吾闻之：国将兴，听于民；将亡，听于神。神，聪明正直而壹者也，依人而行。”③ 季梁曰：“夫民，神之主也，是以圣王先成民而后致力于神。”④ 子产曰：“天道远，人道迩，非所及也，何以知之？”⑤ 这些肯定人之价值的言论，堪称中华先民自我意识觉醒的标志。从这些言论中我们可以看出，西周以来，在思想领域，天、神的位置日益边缘化，而人的地位逐步提高，人的能动性得以彰显。

儒学承袭了西周至春秋以来重人轻神的思潮，对这些思维成果进行了历史总结，进一步以理性思维代替宗教神学，以人文精神淡化宗教意识，通过对人进行深刻反思建构起自身的理论系统，确立了人文主义的发展方向，开启了中国文化的人文主义传统。具体来说，儒家对人地位的肯定集中体现在儒学对人与物关系的认识以及天人观、命运观和鬼神观中。

人是世间最尊贵的存在

关于人在世间的价值，儒家给予了充分肯定。例如，孔子赞许“天生万物，唯人为贵”⑥ 的观点；孟子以人有仁义礼智四端为由，认为人性优于兽性；荀子更是旗帜鲜明地提出“水火有气而无生，草木有生而无知，禽兽有知而无义，人有气、有生、有知，亦且有义，故最为天下贵也”⑦ 的观点。儒家的核心理念“仁爱”是一种泛爱，

---

①《诗经·大雅·文王》
②《尚书·蔡仲之命》
③《左传·庄公三十二年》
④《左传·桓公六年》
⑤《左传·昭公十八年》
⑥《说苑·杂言》
⑦《荀子·王制》

指向范围很广，其不仅要求爱人，还要爱物，即谓“亲亲而仁民，仁民而爱物”。但是爱的等级是不一样的，对人的爱超越对物的爱。例如，当孔子家马棚着火的时候，孔子的反应是“伤人乎？不问马”[①]，在人与马之间，孔子显然更重视人。

将人作为天人关系的中心

儒家对“天”的阐释，虽然并没有完全抛却“主宰之天”的意味，也说过“死生有命，富贵在天”[②] 之类的话，但是，却加大了在“自然之天”以及“道德、义理之天”的层面上使用“天”这个范畴的力度，其中又尤以“道德、义理之天”为“天”之含义的主流，如孟子所讲的“夫仁，天之尊爵也”[③]，《中庸》所说的“诚者，天之道”等，都将“天”看作是道德理想的化身。所以，儒学倡导的“天人合一”指的是人与天在道德、义理意义上的合一，目的是将道德义理之天的要求内化成人的本质，以促使人不断提高自身的道德境界，促使社会秩序如“天”的秩序那样和谐圆满。在儒学看来，人的道德修养提高了，社会秩序完善了，也就达到了“合于天道”的境界，人不需要对天顶礼膜拜，只需要踏踏实实地提高道德修养，尽到对人伦社会的责任和义务，就是合乎天意了。显然，这样的“天人合一”观去掉了原始宗教中神秘、狂热的内容，淡化了其中主宰、命定的含义，为人的主体能动性的发挥开拓了道路。

儒家的“天人合一”之所以仍然保留了对“天”的敬畏，例如儒家原典中多次讲过要敬天、事天、畏天、法天，例如“唯天为大”[④] “君子大心则敬天而道，小心则畏义而节”[⑤] 等，但这只是为了借助“天”来证明现实世界中道德行为、道德秩序的合理性，是为了以“天”为基础来建构对人的道德普遍性与绝对性的要求，所谓“天生德于予”[⑥] 不过是为了将道德上升到超越的层面，使之更有说服力。这种观念与宗教所宣扬的为天、神等超自然力量献身、殉道，匍匐于神意之下完全不同。在儒学所构建的天人

---

① 《论语・乡党》
② 《论语・颜渊》
③ 《孟子・公孙丑上》
④ 《论语・泰伯》
⑤ 《荀子・不苟》
⑥ 《论语・述而》

关系中，“人”才是目的和中心，论“天”是为论“人”服务的。所以，儒家的“天人合一”是理性精神指导下的天人合一，它不仅没有消解人的价值，反而凸显了人的地位。

总之，儒学赋予天人关系以人文理性精神，它既不离天而言人，也不离人而言天，而是主张“人本天而立，天因人而成”，天人不可分离，将天道视为人道的终极依据，将人道看作是天道得以广大的唯一途径。天与人是道德情感上的合一，是内在与超越层面的合一，天上就是人间，这也是儒家“弘道”的本意。这一思想倾向肇始于孔子，在孟子“诚者，天之道也；思诚者，人之道也”[①]“尽心、知性、知天”的理论中初具规模，到宋明理学臻于大成。

人在命运面前大有作为

在命运问题上，儒学是“有命论”，在面对人力无法改变、违背人意愿的恶劣情况时，在对社会发展和个人遭遇感到不理解和困惑时，儒家往往将其归结于命运。如孔子在其弟子伯牛重病时就曾感叹道：“亡之，命矣夫！斯人也而有斯疾也！斯人也而有斯疾也！”[②] 但是面对命运，儒家反对人完全屈服于命运的安排，不赞成人做盲目必然性的奴隶，认为人在命运面前仍然可以大有作为，“尽人事”是“听天命”的前提。这一思想倾向集中体现在两个方面：

其一，在儒家看来，命运可以被认识，“知命”在儒家的视野中是成就君子的必备条件之一，即“不知命，无以为君子也”[③]。孔子采用现身说法讲述了“知命”的途径和结果，他说：“吾十有五而志于学，三十而立，四十而不惑，五十而知天命，六十而耳顺，七十而从心所欲，不逾矩。”[④] 可见，经过后天刻苦学习和人生经验的积累，人便可以了解和把握天命，从而在天命许可的范围内为人处世，进而便可以达到“从心所欲，不逾矩”的相对自由的境界。儒家所说的这种通过发挥人的主体能动性便可了解认识的“命”，颇含有一些我们今天所讲的客观规律的意味，而与宗教迷信中所

① 《孟子·离娄上》
② 《论语·雍也》
③ 《论语·尧曰》
④ 《论语·为政》

讲的人完全不能把握的、不可知、不可测的命运相去甚远。

其二，面对不利局面，儒家认为人应积极发挥主观能动性去改善，否则错在人的消极，而不在命运的恶劣。据《论语》记载，当司马牛对子夏感叹自己没有兄弟很孤单时，子夏劝解他说："君子敬而无失，与人恭而有礼。四海之内，皆兄弟也。君子何患乎无兄弟也？"① 也就是说通过自身"敬而无失，恭而有礼"的主观努力，便可以通过广交朋友来弥补没有兄弟的缺憾。孟子也有类似的思想。孟子举了一个例子：一个人如果明知是危墙还站在下面，结果被砸死了，这是"自作孽，不可活"，不能归罪于命运不济，即谓："莫非命也，顺受其正。是故知命者不立乎岩墙之下。尽其道而死者，正命也。桎梏死者，非正命也。"② 只有在人的主观努力全部尽到之后，还仍然不如所愿时，儒家迫不得已才可将其归于"命"，例如孟子在评价孔子时曾说"孔子进以礼，退以义，得之不得曰'有命'"③，而绝不是让人一开始便放弃努力，听任命运摆布。对于那些放弃主观努力，对命运一味采取听之任之消极态度的人，《荀子》一针见血地批评道："自知者不怨人，知命者不怨天，怨人者穷，怨天者无志。失之己，反之人，岂不迂乎哉。"④ 即有自知之明的人不会埋怨别人，了解命运的人不会埋怨上天，儒家认为明明自己有过失却从外部找原因，是没找对原因。

总之，人在命运面前并非无所作为，谈命、知命却不认命，在外界环境许可的范围之内积极地争取发展空间，尽到人事才是儒家对待命运的真态度。这正如《荀子》所说："夫贤不肖者，材也；为不为者，人也；遇不遇者，时也；死生者，命也。今有其人不遇其时，虽贤，其能行乎？苟遇其时，何难之有？故君子博学、深谋、修身、端行以俟其时。"⑤

鬼神观念与祭祀活动为人事服务

祭祀鬼神的传统在我国的历史非常悠久，从原始社会到西周，伴随着人道从神道

---

①《论语·颜渊》
②《孟子·尽心上》
③《孟子·万章上》
④《荀子·荣辱》
⑤《荀子·宥坐》

中的逐步觉醒，这一传统经历了一个由图腾崇拜到祭天、祭神、祭祖杂糅又尤以祭祖为重的发展过程。脱胎于这一背景中的儒家，极力发展了这一风俗中所包含的重人轻神的思想因素。同时，为了让自己的学说更易为当时的社会所接受，务实的儒学并没有直接对抗传统，而是将其中传统的鬼神、祭祀观念与以巧妙置换，处处以人为中心来看待鬼神观念、祭祀活动这类现象，总是力图利用祭祀鬼神来为人的道德提升和社会的有序和谐服务。

首先，对于鬼神，儒家的总体态度是“存而不论”“敬而远之”。这一态度一方面与儒家所一贯倡导的“知之为知之，不知为不知”的认识路线有关，鬼神是否存在确实难以进行考证；另一方面也是更为重要的方面，则来源于儒家对人生价值的理解，儒家认为人生价值体现在人生历程中，而不是体现在彼岸和来世，因而儒家的理论兴趣在现世今生。对于鬼神和死后的问题，儒家采取存而不论的态度。例如，当学生向孔子询问死了以后怎么办、有没有鬼时，孔子回答说：“未能事人，焉能事鬼？未知生，焉知死？”孔子一生“不语乱力怪神”，他说：“务民之义，敬鬼神而远之，可谓知矣。”[①] 一个“远”字，生与死、人与鬼孰轻孰重便一目了然了。与“敬鬼神而远之”相反，《论语》明确提出了“泛爱众而亲仁”的理念。在《论语》中，关于人和人事活动的论述，关于怎样做人和怎样成人等问题的探究，占了很大比重。

其次，对于“祭祀”，儒家沿袭了传统，不仅不反对祭祀，反倒是对祭祀很重视，但却置换了其中心概念。祭祀本来的中心是鬼神、祖先，但经过儒家改造之后，现实的社会人事变成了祭祀的中心。《论语·八佾》讲：“祭如在，祭神如神在。”意思是祭祀祖先的时候就好像祖先在那里，祭神的时候就好像神在那里。“如在”？那到底在不在呢？孔子没有讲。实际上，在儒家的思想中，鬼神的位置是虚化的，儒家真正关注的是人在祭祀时的诚心、孝心，如《论语·子张》曰：“士见危致命，见得思义，祭思敬，丧思哀，其可已矣。”《荀子·礼论》也说：“送死，饰哀也；祭祀，饰敬也。”儒家是想通过祭祀这种形式，借鬼神来推行对人的教化，引导人们重人伦、

---

① 《论语·雍也》

重亲情，培养人的道德感，强化家族内部的凝聚力，以便更好地安顿社会秩序。至于鬼神到底在不在，儒家并不关心，儒家追求的是祭祀这种“慎终追远”的举动所带来的社会效益，这就是曾子所讲的“慎终，追远，民德归厚矣”①。而且对于传统祭祀中的一些违背人道的陋习如人牲、人殉等，儒家非常反对。孔子曾尖锐地批评说：“始作俑者，其无后乎！”② 总而言之，在儒家的祭祀观念中，人的主体地位是非常突出的。

美国学者陈荣捷曾指出：“人文主义的倾向早在孔子之前就已显露出来，但是只有孔子才把它转变为中国哲学中的最强大的动力。”③“人”始终是儒学进行理论架构的中心和目的。在儒家的视野中，与现实中的自然事物相比，人最为尊贵；与观念中超自然的力量相比，人是中心和目的。关于这一点，宋儒陆九渊说得好：“天地人之才等耳，人岂可轻？人字又岂可轻？”④ 这样一种对人的生命价值的关切和对人存在地位的肯定，树立起了中华民族在世上生存发展的信心，从心灵层面拓展了中华民族自我发展完善的空间，成为中华民族不畏艰险、积极向上、自强不息的动力之源，为中华民族精神激励系统的建构提供了逻辑起点。

（二）激励系统得以落实的能力保障

“自信”是激励系统的逻辑起点，能力则是激励系统得以落实的保障。儒家不仅挺立起了人的自信，而且充分肯定了人具备自我完善、自我发展的能力。综观儒家所肯定的人之能力，对中华民族产生深远影响的主要包括学习的能力、克己的能力、推己及人的能力。

人有学习的能力

儒家认为人获得知识有两种途径：一种是生而知之，一种是学而知之。但“生而知之”毕竟只是一种理想境界，儒家对此并没有过多关注，孔子也从未具体说明过到底哪

---

①《论语·学而》
②《孟子·梁惠王上》
③［美］陈荣捷：《孔子人文主义导言》，《中国哲学研究》，1983年第4期。
④《陆九渊集·语录下》

些人是生而知之者，若追究起来，恐怕在孔子心目中也只有尧、舜、周公等极少数上古先人才能达到此境界。孔子自己也从不以生而知之者自居，孔子评价自己说："我非生而知之者，好古，敏以求之者也。"① 在孔子看来，除"上智与下愚不移"之外，其他人皆是可教之材。这也是其一生致力于教育、有教无类、广收门徒的原因之一。

继孔子之后的先秦大儒孟子同样注重学习。孟子在谈到自己不懂诸侯之礼时曾说："诸侯之礼，吾未之学也。虽然，吾尝闻之矣。"② 他还以学下棋为例来说明用心学习的重要性，即"今夫弈之为数，小数也，不专心致志，则不得也。弈秋，通国之善弈者也。使弈秋诲二人弈，其一人专心致志，惟弈秋之为听。一人虽听之，一心以为有鸿鹄将至，思援弓缴而射之，虽与之俱学，弗若之矣。为是其智弗若与？曰：非然也"③。可见，在孟子看来，学习效果如何，取决于个体的努力程度，只有用心学，才有可能取得预期效果。

较之孟子，荀子更为彻底地贯彻了孔子"学而知之"的认识路线。《荀子》一书开篇便是《劝学》，荀子认为"涂之人也，皆有可以知仁义法正之质，皆有可以能仁义法正之具"④，只要"伏术为学，专心一志，思索孰察，加日县久，积善而不息，则通于神明，参于天地矣"⑤。在学习上，荀子主张"不知则问，不能则学"⑥，认为学无止境，即"学不可以已……君子博学而日参省乎己，则知明而行无过矣"⑦。更为难能可贵的是，荀子将认识和学习的过程做了细分，他认为"认识"是有认识能力的人通过与外界事物接触而获得的，是客观与主观相作用的结果，即谓："凡以知，人之性也；可以知，物之理也。"⑧ 他将认识分为三个阶段：一是"天官意物"阶段，获得的是"闻知"和"见知"；二是"心有征知"阶段，获得的是对"闻知""见知"进行理性思考之后的"征知"；三是"学至于行而止"阶段，获得的是经过实践检验的"行知"。

---

①《论语·述而》
②《孟子·滕文公上》
③《孟子·告子上》
④⑤《荀子·性恶》
⑥《荀子·非十二子》
⑦《荀子·劝学》
⑧《荀子·解蔽》

儒家视野中的“学”，范围很广泛，并不仅仅限于学习书本知识，也包括向他人学习，即“三人行，必有我师焉。择其善者而从之，其不善者而改之”[①]，还包括在“行”中获取知识和智慧，向实践学习，即“力行近乎仁”。在儒家看来，只有能够应用于实践并经过实践检验的知识，才是“坐而言之，起而可设，张而可施行”[②] 的真知识。儒家对学习的必要性，对人学习能力和学习效果的肯定，对学习范围的尝试性拓展，具有重要意义，这些为人的自我发展、自我完善提供了路径和保障。

人有克己的能力

“克己”即自我克制，这是儒家提升人生境界的重要方式。关于“克己”以修身，孔子开辟了两条路径：一条道路是外向的，即“克己复礼”，孔子曰：“克己复礼为仁。一日克己复礼，天下归仁焉。”[③] 另一条道路是内向的，即“克己内省”。

就“克己复礼”而言，这个“礼”是指能够确保社会人生和谐有序的一套完美的政治制度和伦理规范，即“夫礼，天之经也，地之义也，民之行也”[④]。孔子认为人应该时时处处“约之以礼”，自觉主动地克制与礼相悖的行为，努力做到“非礼勿视，非礼勿听，非礼勿言，非礼勿动”[⑤]。孔子的“克己”并不仅仅局限于以外在规范来约束人的行为，他的最终目的是将礼内化到人心中，在人心中建立起仁德，将外在约束转化成主体自觉自愿的行为，这就又回到了“克己内省”的路子上来了。孔子提倡“内省不疚”，即自我反省的时候，不会为自己的言行感到内疚。这是孔子认为的君子所应该达到的境界。

孟子沿着孔子“克己内省”的理路来发展“克己”理论，进一步崇扬道德的自主自觉精神。他充分肯定了人自我反省的能力，认为“反身而诚，乐莫大焉。强恕而行，求仁莫近焉”[⑥]，孟子“克己内省”的总体方法可以概括为“养心”“尽心”，即保

①《论语・述而》
②《荀子・性恶》
③⑤《论语・颜渊》
④《左传・昭公二十五年》
⑥《孟子・尽心上》

养、扩充自己与生俱来的善良本心，使之避免遭受外在邪恶的侵害。与孟子走内向路线不同，荀子走的是外向路线，他主要发展了孔子“克己复礼”的思想。荀子认为“从人之性，顺人之情，必出于争夺，合于犯分乱理而归于暴”①，因此，他认为必须对人性进行规制，以礼节之，以礼导之，使之符合礼义的要求，“遇君则修臣下之义，遇乡则修长幼之义，遇长则修子弟之义，遇友则修礼节辞让之义，遇贱而少者则修告导宽容之义”②，这样才能使人“出于辞让，合于文理，而归于治”③。通过孟子和荀子在理论上的不同拓展，由孔子开创的“克己”功夫逐渐丰满立体起来。

人有爱人、推己及人的能力

儒家并不满足于“修身”，而是认为应突破对自身的关注，使自己内在的思想品质发挥出社会影响力，去爱护他人、关心他人、成就他人，做对社会有益的事。《论语·宪问》记载的一段孔子与子路的对话就鲜明地表达了儒家的这一立场：“子路问君子。子曰：‘修己以敬。’曰：‘如斯而已乎？’曰：‘修己以安人。’曰：‘如斯而已乎？’曰：‘修己以安百姓。’”可见，在孔子看来，对于成就君子人格来说，仅仅修养好自身是不够的，还必须拓展到更大的范围。《大学》也说：“致知在格物。物格而后知至，知至而后意诚，意诚而后心正，心正而后身修，身修而后家齐，家齐而后国治，国治而后天下平。”由修己而达致安人、安百姓，由修身而达致齐家、治国、平天下的过程，就是仁者爱人、推己及人的过程，这是一个通过道德实践活动展现人生意义的过程。

“仁者爱人”简而言之就是要施爱于人。“仁者爱人”的“爱”是层层外推之爱，儒家认为父母子女之情基于血缘而产生，是人世间最自然、最深沉、最真挚的情感，是“仁爱”的基础，由爱父母兄弟出发，推而广之也要爱其他人，即“老吾老，以及人之老；幼吾幼，以及人之幼”。儒家之所以以“爱人”来规定“仁”，一方面在于儒家尊重人，把人看作是目的而不是工具；另一方面在于儒家将人理解成社会关系中的

①③《荀子·性恶》
②《荀子·非十二子》

人，认为人只有在社会关系中才能确立自身、定位自身，因而特别强调个体行为的社会影响和社会意义。儒家认为人是群体中的一员，离群索居没有出路，那么，生活在群体、受益于群体中的人理应在“爱人”中为群体做贡献。这是儒家主张“爱人”、推己及人的根本原因，也是儒家与那些独善其身的隐者最大的不同。关于推己及人的具体方法，《论语》将其概括为“己欲立而立人，己欲达而达人”① “己所不欲，勿施于人”②，这种方法又被称为“忠恕之道”，其心理动因是同情心和同理心。

儒家所认可和倡导的学习的能力、克己的能力、爱人以及推己及人的能力，对中华民族的发展来说至关重要。正是因为注重学习、善于学习，中华民族才没有故步自封，而是具有了包容开放的胸怀和气度，自强不息才不至于成为空想；正是因为发扬了克己的精神，中华民族才具备了吃苦耐劳、勤俭节约、坚韧不拔的勇气和毅力，才可能涌现出一批批舍小我为大我、舍小家为大家的志士仁人；正是因为中华民族普遍认同爱人、推己及人的观念，所以中国社会虽历经风雨和磨难，却始终没有分崩离析，而是越来越有凝聚力。可以说，儒家的上述思想树立起了人的信心，彰显了人的能力，为中华民族自强不息做好了思想准备，夯实了中华民族精神激励系统的基础。

既然提到激励，那必然就有一个激励的方向和目标问题，儒家思想为中华民族指明的奋斗方向是什么呢？就儒家学说的特点来看，它为中华民族设计的方向主要有两个，一是激励中华民族使之成为重仁义、讲礼仪的有道德感的民族，二是激励中华民族成为一个重群体、重社会效益的合群体性的民族。这两个目标的实现，由中华民族精神的教化系统、中华民族精神的协调系统、中华民族精神的凝聚系统共同支撑起来。

二、儒学对中华民族精神教化系统的培育

中华民族精神的教化系统解决的主要问题是通过教化使中华民族成长为向上

① 《论语・雍也》
② 《论语・颜渊》

向善、有道德感的民族。中华民族精神教化系统的建构，从逻辑上来讲，首先应以承认中华民族可教为起点，进而逐渐深入如何教、教什么等问题。儒学为培育中华民族精神的教化系统做出了重要理论贡献，其基于人性论而衍生出来的“圣人可学”的思想解决了“可教”“如何教”等问题，为中华民族精神教化系统奠定了根基；其对于仁、义、礼的理论建构则为中华民族精神教化系统提供了具体的教化内容。

（一）“圣人可学”——教化系统的根基

“圣人可学”的基本含义是指“圣人”这种至高的人格境界可以通过后天的努力学习来达到，这个命题同时也为“学”规划了目标，即成就理想人格。据《宋史》记载，理学家程颐在回答胡瑗所提“颜子所好何学”时，提出了“圣人可学”的命题。在程颐看来，颜回与圣人之间确实存在差距，但是这种差距可以通过好学力行来弥补，即“以其好学之心，假之以年，则不日而化矣。后人不达，以谓圣本生知，非学可至，而为学之道遂失”。除程颐之外，理学家周敦颐也曾明确对“圣人可学”予以认可。实际上，“圣人可学”这一名词虽由周敦颐、程颐明确加以阐释，但却并非他们的一家之言，而是儒家的一贯立场。从先秦开始，儒家便肯定了人具备自我完善、自我发展的能力，认为人通过接受教化，可以在思想道德水平上达到较高境界。例如，孟子认为：“子服尧之服，诵尧之言，行尧之行，是尧而已矣。子服桀之服，诵桀之言，行桀之行，是桀而已矣。”① 荀子明确提出了：“圣人者，道之极也。故学者固学为圣人也，非特学为无方之民也。”② 《礼记·学记》也说：“玉不琢，不成器；人不学，不知道。是故古之王者建国君民，教学为先。”儒家之所以能够形成“圣人可学”的看法，来源于儒家对于人性的认识。人性上承天道，下启人伦，对人性问题的探讨是人类自我觉醒、自我认识的开始。

---

①《孟子·告子下》
②《荀子·礼论》

性相近 习相远

“性相近也，习相远也”[①] 是孔子关于人性的观点。这一观点奠定了儒家在人性问题上重视后天习染的基调，同时，孔子没有明言相近之性是善还是恶，这又为后继儒者的理论拓展留下了余地。

“学习”毫无疑问是后天习染的重要方式之一。孔子充分肯定了学习对校正行为、完善品性的重要意义，《论语》开篇即讲“学而时习之”。在《论语》中，关于学习重要性的论述有很多，例如，“博学而笃志，切问而近思，仁在其中矣”[②] “百工居肆以成其事，君子学以致其道”[③] “好仁不好学，其蔽也愚；好知不好学，其蔽也荡；好信不好学，其蔽也贼；好直不好学，其蔽也绞；好勇不好学，其蔽也乱；好刚不好学，其蔽也狂”[④]，等等。在孔子看来，学习的态度不同、学习的主动性不同是拉开人与人之间差距的重要原因。孔子认为自己之所以能比一般人懂得多一些，根本原因在于自己爱好学习、善于学习，他讲：“十室之邑，必有忠信如丘者焉，不如丘之好学也。”[⑤] 孔子以自身经历为弟子和世人做出了榜样。

孔子对学习内容、学习方法和教学方法都做了规划，为教化指明了道路。在学习内容上，孔子认为主要是学习古代文献和礼仪制度，如孔子讲“不学诗，无以言”“不学礼，无以立”[⑥] “博学于文，约之以礼，亦可以弗畔矣夫”[⑦]。但是，这并非意味着在孔子的视野中学习是单纯地学习文献等书本知识，相反，孔子明确提出“弟子，入则孝，出则悌，谨而信，泛爱众，而亲仁。行有余力，则以学文”[⑧]，也就是说，“行有余力”是“学文”的前提，“行”比学习文献知识更重要，学习文献和礼仪也是为了更好地“行”。在学习方法上，孔子除了主张将“学”与“行”相结合之外，还倡导“学”与“思”结合，“学”与“问”相结合。例如，孔子讲“学而不思则罔，思而

---

①④《论语·阳货》
②③《论语·子张》
⑤《论语·公冶长》
⑥《论语·季氏》
⑦《论语·雍也》
⑧《论语·学而》

不学则殆"①"敏而好学，不耻下问"②，等等。在教学方法上，孔子提出了"因材施教"的主张。总之，孔子认为大多数人的人性可以通过后天学习而修正，这是孔子致力于教育事业，广收门徒，有教无类的重要原因。

性善论——存心养性

"孟子道性善，言必称尧、舜"③，孟子将人作为"类"来考察，将普通人与"圣人"做类比，即"麒麟之于走兽，凤凰之于飞鸟，泰山之于丘垤，河海之于行潦，类也。圣人之于民，亦类也"④，进而依据"凡同类者，举相似也"⑤得出"我"与圣人同类、"我"与圣人一样都具有善性的结论。与圣人同类的这种人性之善在孟子的视野中是人人都有的天赋。这种天赋的善性，孟子将其概括为仁、义、礼、智四端。孟子对"四端"十分重视，将之看作人与动物的根本区别，即"人之所以异于禽兽者几希，庶民去之，君子存之"⑥。

"端"是萌芽、端倪的意思，"善端"只说明人具备了善的可能性。如果想把可能的善端发展成现实的善性，孟子认为，还需要悉心养护，将善端扩而充之，即谓："凡有四端于我者，知皆扩而充之矣，若火之始然，泉之始达。苟能充之，足以保四海；苟不充之，不足以事父母。"⑦如果不注意保养和扩充善端，那么尚处于萌芽状态、十分脆弱的善端就会失去，人便会迷失本性。在《孟子·告子上》中，孟子以"牛山之美"做比喻来讲述这个道理：牛山的树曾经非常茂盛，但是后来因为"斧斤伐之""牛羊又从而牧之"导致变成了光秃秃的样子。孟子认为，这并不能说明牛山天生就是一座荒山，之所以变成荒山，是因为不注重后天养护的结果。孟子认为人也是如此，如果不注意养护扩充"善端"，就如同牛山上的树木被砍伐一样，天赋的善性

①《论语·为政》
②《论语·公冶长》
③《孟子·滕文公上》
④⑦《孟子·公孙丑上》
⑤《孟子·告子上》
⑥《孟子·离娄下》

也会受到伤害。即谓："虽存乎人者，岂无仁义之心哉？其所以放其良心者，亦犹斧斤之于木也，旦旦而伐之，可以为美乎？"正因为孟子认为"善端"需要养护和扩充，所以他的性善论才既具有理想主义的色彩又具有理性主义的色彩。尽管孟子的"性善论"是天赋善性论，但是依然为后天教化和学习留下了较大空间。那么如何通过学习和教化来保养和扩充善端呢？从《孟子》一书来看，大致有内向和外向两条路径。

第一条路径是向自己的"心"学习，反身而诚，反求诸己。这是孟子修身养性的主导路径，是孟子思想的特色。在这条路径上，孟子所倡导的主要方式是尽心知性、存心养性。因为孟子认为每个人心中都有天赋的善性，所以要提升人生境界，主要的方式不是外求，而是向自己的本心探求，体会自己"心"中天赋善性的应然状态，保存它们，不让它们失落，进而再发扬光大。这个过程就是孟子所说的尽心知性、存心养性的过程。具体来说，尽心知性、存心养性可以通过"寡欲""求放心""存夜气"的途径来实现。所谓"寡欲"，即减少不必要的欲望，孟子说："养心莫善于寡欲。其为人也寡欲，虽有不存焉者，寡矣。其为人也多欲，虽有存焉者，寡矣。"① 所谓"求放心"，指的是把失去的良心找回来。"心"指天赋的良心，孟子把失去"心"称作"放心"，意识到之后再找回来就叫作"求放心"，孟子曰："学问之道无他，求其放心而已矣。"② 所谓"存夜气"的"夜气"是指人在夜深人静之时的良心发现，"存夜气"就是把晚上的良心发现延续到第二天，不使之失落，孟子讲："其日夜之所息，平旦之气，其好恶与人相近也者几希，则其旦昼之所为，有梏亡之矣。梏之反覆，则其夜气不足以存。夜气不足以存，则其违禽兽不远矣。"③

第二条路径是向外学习，注意环境影响和后天教育。孟子在注重"内求"的同时，也没有忽视外在影响，例如孟子举例说："富岁子弟多赖；凶岁子弟多暴。非天之降才尔殊也，其所以陷溺其心者然也。"④ 孟子还充分肯定了三代以来学校教育的意

---

①《孟子·尽心下》
②③④《孟子·告子上》

义，认为这是明人伦的重要手段，他说："设为庠序学校以教之：庠者，养也；校者，教也；序者，射也。夏曰校，殷曰序，周曰庠，学则三代共之，皆所以明人伦也。"[①]他认为一个国家要想繁荣昌盛，最重要的不是城墙、兵甲、土地和财产，而是人民的教养，所谓"城郭不完，兵甲不多，非国之灾也；田野不辟，货财不聚，非国之害也。上无礼，下无学，贼民兴，丧无日矣"[②]。

性恶论——化性起伪

在人性问题上，荀子的观点与孟子相反，他认为"人之性恶，其善者伪也"[③]。"性"和"伪"是荀子人性论中最重要的两个概念。在荀子看来，"性"乃"天之就也，不可学，不可事"[④]，饥而欲饱、寒而欲暖、劳而欲休、目好色、耳好声、口好味、心好利、骨体肤理好愉快等，都属于人性的范畴。这是从自然本能的角度来理解人性。荀子认为放纵人性便会导致社会争斗、混乱，他由此得出人性恶的结论。与"性"相对，荀子将师法之化、礼仪之道等后天的教化手段称为"伪"，他认为通过师法之化、学习礼义之道，可以遏制人性向恶发展的趋势，使人的行为"出于辞让，合于文理，而归于治"[⑤]，这就是荀子所说的"化性起伪"。"性"与"伪"之间的关系用一句话概括便是"无性则伪之无所加，无伪则性不能自美"[⑥]。由于荀子强调的是人性由恶至善的动态转化过程，所以较之孟子，荀子更看重后天习得。

后天习得的过程用荀子的话讲就是"积"。对于"积"的重要性，荀子指出："积土而为山，积水而为海，旦暮积谓之岁。至高谓之天，至下谓之地，宇中六指谓之极，涂之人百姓积善而全尽谓之圣人。彼求之而后得，为之而后成，积之而后高，尽之而后圣。故圣人也者，人之所积也。"[⑦] 那么如何来"积"呢？"积"首先来自环境

---

①《孟子・滕文公上》
②《孟子・离娄上》
③④⑤《荀子・性恶》
⑥《荀子・礼论》
⑦《荀子・儒效》

的熏陶浸染。荀子认为，后天环境的熏陶对人性重塑具有重要意义，人性会随着周围社会环境、文化环境的改变而发生改变，正所谓“居楚而楚，居越而越，居夏而夏”①“习俗移志，安久移质”②。

“积”更重要的途径是来自学习和教育，《荀子》开宗明义第一篇便是《劝学》。荀子认为“学”的意义非常重大，“学”可以增进人的智力、改变人的境遇、提升人的境界，使“暴悍勇力之属为之化而愿，旁辟曲私之属为之化而公，矜纠收缭之属为之化而调”③。在荀子看来，这是帮助人成为士、君子，乃至圣人的最重要的途径，即谓：“我欲贱而贵，愚而智，贫而富，可乎？曰：其唯学乎。彼学者，行之，曰士也；敦慕焉，君子也；知之，圣人也。上为圣人，下为士君子，孰禁我哉！”④反之，人如果“纵性情而不足问学，则为小人矣”⑤。荀子视野中的“学”，不仅指诵经、读礼、以圣王为师、以圣王之制为法，更是指在“行”中学，并把学到的知识付诸“行”，荀子认为“不闻不若闻之，闻之不若见之，见之不若知之，知之不若行之，学至于行之而止矣”“闻之而不见，虽博必谬；见之而不知，虽识必妄；知之而不行，虽敦必困”⑥。此外，荀子还认为学习离不开老师的正确引导，在荀子看来“学莫便乎近其人”，即学习没有比亲近良师更便捷的途径了，他说：“有师法者，人之大宝也；无师法者，人之大殃也。人无师法则隆性矣，有师法则隆积矣。”⑦“圣人可学”的理念在荀子思想中得到了充分表达。

在荀子看来，通过上述“积善不息”的努力，便可以抑制住人性向恶发展的趋势，甚至“涂之人可以为禹”，即普通人也可以成为大禹一样的圣人。荀子分析说：“凡禹之所以为禹者，以其为仁义法正也。然则仁义法正有可知可能之理，然而涂之人也，皆有可以知仁义法正之质，皆有可以能仁义法正之具……今使涂之人者以其可以知之质、可以能之具，本夫仁义之可知之理、可能之具，然则其可以为禹明矣。今使涂之人伏术为学，专心一志，思索孰察，加日县久，积善而不息，则通于神明、参

---

①②④⑤⑥⑦《荀子·儒效》
③《荀子·议兵》

于天地矣。”① 这是荀子人性理论的重点。

综上所述，儒家人性理论由孔子肇其端，孟、荀承继之，诸位大儒虽然论证的方式、分析的角度、为成就善性所规划的路径有所不同，如孟子选择的是心性自律完善，荀子看重的是后天人文再造和外在规约的力量，但是他们的思想从根本上又是相通的，那就是他们都认为人性仅为人格完善提供了一个基础，人之为人的现实意义上的善性要经过个体的自主努力才能得以实现。孔、孟、荀之后，在人性问题上儒家又提出过诸多不同观点，但万变不离其宗，历代大儒均认同“人性可完善”“教化可以使人趋善”。这种对人性的看法，从理论上说明了对人进行教化的可能性和必要性。

（二）仁、义、礼——教化系统的核心内容

“圣人可学”，学什么？在儒家看来，最核心的就是学仁、学义、学礼，正如荀子所说：“君子处仁以义，然后仁也；行义以礼，然后义也；制礼反本成末，然后礼也。三者皆通，然后道也。”② 学的目标是什么？就是提高道德境界，成就理想人格，也就是要成“人”，成“君子”，乃至成“圣人”。

仁者人也

《中庸》引孔子言曰：“仁者，人也。”孔子以“仁”来界定人的本质，将“仁”作为人之为人的根据，孔子认为只有具备了“仁”的美好品质，才能称得上是真正的人。这是孔子在伦理道德意义上将人对象化，从价值分析而非实证分析的角度得出的结论。在孔子的视野中，“仁对于人”比“生命对于人”的意义还要重大，因此，孔子说：“志士仁人，无求生以害仁，有杀身以成仁。”③

孟子和荀子尽管对人性的看法不同，但在以仁德来规定人的本质这一点上，

---

①《荀子·性恶》
②《荀子·大略》
③《论语·卫灵公》

二者是相同的。持性善论的孟子自不必多言，荀子虽然认为人性恶，但并没有止于性恶，他所津津乐道的是“化性起伪”以变恶为善，这仍是以仁德作为人之为人的根据。除孟、荀外，后世儒者也都以“仁”作为人生的最高追求，把实现仁德看作是成人的标志，如朱熹曰：“学者须是求仁。”①“圣人亦只教人求仁。”②陈淳讲：“孔门教人，求仁为大。只专言仁，以仁含万善，能仁则万善在其中矣。”③明代罗汝芳也曾说：“孔门宗旨只在求仁。”④可见，在儒家看来，只有符合“仁”这一本质，才可以说成为真正意义上的人，获得“仁”道的人才是一种崇高的存在。

儒家讲究“下学而上达”，意思是下学人道即可上达天道，儒家所讲的“人道”在一定意义上可以理解为人通往“仁”这一价值目标的道路。求“仁”的道路是一个追求人生至高境界、不断以仁来充实自己的无止境的过程。“仁”对人来说不是瞬时性的概念，不是一蹴而就的事情，而是需要持之以恒，须臾不可离，即“君子无终食之间违仁，造次必于是，颠沛必于是”⑤。颜渊正是因为在求“仁”的路上“见其进也，未见其止也”⑥而深得孔子赞赏；要追求“仁”道，还必须以正确的方式去求，这些正确方式就是孔子所主张的“仁者爱人”“克己复礼为仁”“见贤思齐，见不贤而内自省”“忠恕之道”等，就是孟子所倡导的“反求诸己”“尽心知性”“存心养性”“求放心”“存夜气”等，就是荀子视野中的“化性起伪”“学至于行而止”等。相关内容前文中已有提及，这里不再赘述。

居仁由义

《中庸》曰：“义者，宜也。”“义”简而言之就是道德主体在具体行事时依据“仁”所做的应当、应该、应为之判断，是经过反思后形成的自觉意识。《论语》虽经

①②《朱子语类》卷六
③《北溪字义・仁义礼智信》
④《罗近溪先生明道录》
⑤《论语・里仁》
⑥《论语・子罕》

常提到“义”，也谈到过“义”的作用，并给予“义”很高的评价，如“君子义以为上”[①]“君子义以为质”[②]等，但尚未对“仁”与“义”的关系做出说明。这一点，在孟子那里得到弥补，《孟子》中用“心”与“路”、“宅”与“路”来比喻仁与义的关系，即谓“仁，人心也；义，人路也”[③]“仁，人之安宅也；义，人之正路也”[④]，表达出“仁”这种天然朴素的情感需要以“义”来配合才能更好地发挥作用这层意思。后来宋明理学家又用“体”和“用”这对范畴来表述“仁”与“义”的关系，以“仁”为体，以“义”为用，认为二者“体用一源，显微无间”。

对于“仁”之所以需要“义”来激发这个问题，朱熹和陈淳解释得很好。朱熹说：“仁虽似有刚直意，毕竟本是个温和之物，但出来发用时有许多般，须得是非、辞逊、断制三者，方成仁之事。”[⑤]陈淳曰：“义就心上论，则是心裁制决断处。宜字乃裁断后字。裁断当理，然后得宜。凡事到面前，便须有剖判，是可是否。”[⑥]可见，“义”就是“仁”向具体的道德行为转化的枢纽，例如有仁心的人在“义”的引导下，在处理父子关系时就会表现为父慈子孝，在处理兄弟关系时就会表现为兄友弟恭，在处理夫妻关系时就会表现为夫妇和顺等。此外，“义”对一般行为还会起到矫枉过正的作用，例如，“勇”需要“义”来调节，即“君子有勇而无义为乱”[⑦]；“信”需要“义”来加强，即“信近于义，言可复也”[⑧]；“直”需要“义”做补充，即“质直而好义”[⑨]等。总之，“仁”是“义”的心理基础和理性依据；“义”则是判断善恶的杠杆，它使“仁”具体化，将仁德转化成具体的善行，并对人的行为进行调节，是“仁”的补充和引申。“仁”离开了“义”，“仁”就得不到落实；“义”离开了“仁”，“义”就失去

---

① 《论语·阳货》
② 《论语·卫灵公》
③ 《孟子·告子上》
④ 《孟子·离娄上》
⑤ 《朱子语类》卷六
⑥ 《北溪字义·仁义礼智信》
⑦ 《论语·阳货》
⑧ 《论语·学而》
⑨ 《论语·颜渊》

了根据。仁与义相依相济，相得益彰，仁义结合才能正确行事，所谓“仁者，义之本也”[①]“义者，仁之断制”[②]。

儒家十分重视“义”，在儒家价值评判体系中，只要合于义，即使通常看来是降志辱身的行为在道德上也是被允许的。以孔子对管仲的评价为例，在齐桓公杀死公子纠之后，原为公子纠之臣的管仲不仅没有随公子纠赴死，反而辅佐齐桓公，当时很多人都认为管仲的行为是失志变节，但孔子却从民族大义出发，认为“桓公九合诸侯，不以兵车，管仲之力也”“管仲相桓公，霸诸侯，一匡天下，民到于今受其赐。微管仲，吾其被发左衽矣。岂若匹夫匹妇之为谅也，自经于沟渎而莫之知也”[③]，孔子由此称赞管仲“仁”。

仁义结合用《孟子》的话讲就是“居仁由义”。“居仁由义”即以“仁”为根本原则，按照“义”的指引去为人处世。“居仁由义”这四个字在孟子的视野中几乎可以概括人的全部道德践履，这正如孟子所说“居仁由义，大人之事备矣”[④]。在孟子看来，“居仁由义”的最高境界就是“由仁义行，非行仁义”。“由仁义行”是一种高度自觉的道德行为，这时的“居仁由义”不是出于功利目的或迫于外在压力，而完全是道德主体自觉自愿的选择，以至于达到了习惯成自然的境地。而对那些没有勇气承担道德义务和责任，做不到“居仁由义”的人，孟子斥之为“自暴自弃”。孟子曰：“自暴者，不可与有言也。自弃者，不可与有为也。言非礼义，谓之自暴也。‘吾身不能居仁由义’，谓之自弃也。”[⑤]

重义轻利

在谈到“居仁由义”这个话题时，不能回避的一个问题就是义利关系问题。义与

---

①《礼记·礼运》
②《朱子语类》卷六
③《论语·宪问》
④《孟子·尽心上》
⑤《孟子·离娄上》

利是儒家哲学的一对重要范畴，朱熹曰：“义利之说，乃儒者第一义。”[①] 对于“义”与“利”这两种不同的行为准则，儒家的基本价值取向是以“义”为指归，将“利”统一到“义”的旗帜下，重义轻利、以义制利、见利思义、见得思义。儒学的这一价值取向主要有如下两个特点：

其一，儒家并不是反对一切利，而只是反对与“义”相违背的利。孔、孟、荀都不讳言“利”。例如，孔子认为在治理民众时，首先应“富之”，然后才是“教之”，并说“富而可求也，虽执鞭之士，吾亦为之”[②]。孟子在劝导齐宣王施以仁政时，也是建议先采取经济措施保障人民安居乐业，否则“此惟救死而恐不赡，奚暇治礼义哉？”[③]。对于正当利益，儒家的态度是坦然接受。例如，当公孙丑问孟子“仁而不受禄，古之道乎”时，孟子明确回答说：“非也。”可见，儒家处理义利关系的关键点不在于要不要“利”，要多大“利”，而在于所要之“利”是否符合“义”，正所谓“欲利而不为所非”[④] “非其道，则一箪食不可受于人。如其道，则舜受尧之天下，不以为泰”[⑤]。在儒家的视野中，贫穷并不等于正义，富贵并不一定不“义”，正所谓“邦有道，贫且贱焉，耻也；邦无道，富且贵焉，耻也”[⑥]。总之，“穷不失义，达不离道”才是儒家在义利问题上所追求的境界，去一切利并非儒家的初衷，去非“义”之利才是儒家的目的。

其二，在义利发生冲突时，儒家认为“先义而后利者荣，先利而后义者辱”[⑦]；在二者不可得兼的情况下，要以“义”为先，即“富与贵，是人之所欲也；不以其道得之，不处也”[⑧]。儒家认为人不仅应具备“不义富且贵，于我如浮云”的胸怀，甚至还要拿出“舍生而取义”的勇气。例如，孔子曰：“志士仁人，无求生以害

① 《晦庵先生朱文公文集·与延平李先生书》，上海商务印书馆编印明刊本。
② 《论语·述而》
③ 《孟子·梁惠王上》
④ 《荀子·不苟》
⑤ 《孟子·滕文公下》
⑥ 《论语·泰伯》
⑦ 《荀子·荣辱》
⑧ 《论语·里仁》

仁，有杀身以成仁。"[①] 孟子说："鱼，我所欲也。熊掌，亦我所欲也。二者不可得兼，舍鱼而取熊掌者也。生，亦我所欲也。义，亦我所欲也。二者不可得兼，舍生而取义者也。生亦我所欲，所欲有甚于生者，故不为苟得也。死亦我所恶，所恶有甚于死者，故患有所不辟也。"[②] 杀身成仁、舍生取义是儒家对其所倡导的义利观最坚决的贯彻。

即礼求仁

"礼"字早在殷商卜辞中便已出现，原指敬神或祭祖的器物和仪式，《说文解字》释"礼"曰："礼，履也，所以事神致福也。"及至西周，周人对原始的巫术礼仪制度进行总结和改革，使之进一步完备化、精致化，形成了蔚为大观的"周礼"。"周礼"是对西周礼乐制度、典章规范的总称，它对维系西周的社会稳定起到了十分重要的作用。但后来随着西周的没落，其礼乐制度也随之衰落，"僭礼"事件层出不穷，整个社会陷入了"礼崩乐坏"的混乱局面。孔子对这种情状十分痛心，他对西周时期有序的礼乐文化充满向往，宣称"郁郁乎文哉！吾从周"[③]。需要指出的一点是，孔子对周礼的追随绝非简单的效仿，而是对其进行文化创造，给其注入了更多的人文精神。这主要表现为两个方面：一方面，孔子广收门徒，有教无类，将"礼"作为重要的教育内容，改变了周礼"礼不下庶人，刑不上大夫"的局限性，扩大了"礼"的受众范围；另一方面，也是更为重要的方面，孔子将"礼"与自己思想的核心理念"仁"相结合，以"仁"来作为"礼"的本质。孔子曰："礼云礼云，玉帛云乎哉？乐云乐云，钟鼓云乎哉？"[④] 言下之意即是说：礼并不仅仅指玉帛和钟鼓这些外在形式，而是包含更为深刻的实质内容。例如，子曰："居上不宽，为礼不敬，临丧不哀，吾何以观之哉？"[⑤]这句话所说的"宽""敬""哀"就分别是君臣上下之礼和丧礼所要表达的实质

---

①《论语·卫灵公》
②《孟子·告子上》
③⑤《论语·八佾》
④《论语·阳货》

内容。而各种各样具体的“礼”所要展现的各种各样的美德，都可以用一个字来概括，那就是“仁”，总之一句话“人而不仁，如礼何？人而不仁，如乐何”①。既然“礼”和“仁”有如此密切的关系，于是孔子进一步将“克己复礼”直接与人的自我完善联系起来，将其看作是求“仁”之方，即谓：“克己复礼为仁。一日克己复礼，天下归仁焉。”② 可以说，仁礼结合、以仁为质、纳“礼”于“仁”学视野并使之成为人综合修养的一部分，这是孔子“礼”论最重要的特点。

将孔子礼学思想发扬光大的是荀子，荀子主要从人伦秩序、等级制度、社会规范的角度来理解“礼”，所谓“礼上事天，下事地，尊先祖而隆君师，是礼之三本也”③。荀子将“礼”视为道德至极，他说：“礼者，法之大分、类之纲纪也，故学至乎礼而止矣。夫是之谓道德之极。”④ 关于“礼”何以意义非凡，荀子一方面从性恶论出发寻找根据，他认为妨碍人道德水平提高的主要障碍来自人欲望的泛滥，要避免这种状况，只有通过“礼”来节欲、导欲，使人遵循礼的规定；另一方面，荀子从人的生存方式来彰显“礼”的意义，荀子认为人的生存方式就是“群”与“分”的配合，而“礼”恰好是正确处理“群”与“分”之间关系的保障，因为“礼”作为伦理秩序和社会规范，它可以在保持人与人差别的同时对人与人之间的关系进行协调和维护，使“贵贱有等，长幼有差，贫富轻重皆有称者也”⑤，从而可以确保社会有效运转。总之，荀子以“性恶论”和“群分论”为理论基础，从人类生存和发展的高度来论证礼之存在的必然性，将“礼”与人的道德水平的提高和社会的有序和谐紧密相连，由此得出“行礼即履德”的结论，即谓：“夫行也者，行礼之谓也。礼也者，贵者敬焉，老者孝焉，长者弟焉，幼者慈焉，贱者惠焉。”⑥ 又谓：“礼及身而行修，义及国而政明，能以礼挟而贵名白，天下愿，令行禁止，王者之事毕矣。”⑦

---

①《论语·八佾》
②《论语·颜渊》
③《荀子·礼论》
④《荀子·劝学》
⑤《荀子·富国》
⑥《荀子·大略》
⑦《荀子·致士》

儒家的上述思想在中国历程中产生了积极影响，在儒家“人性可完善”“教化可以使人趋善”“圣人可学”理念的影响下，重视教育、重视学习成为普遍的民族心理，中华民族尊师重教的传统亦自兹开启；儒家开设的以“仁”“义”“礼”为核心的教化纲目，培养了中华民族贵仁、尚义、明礼的精神，将中华民族塑造成注重道德价值、注重追求精神满足的民族。儒家的这些理念为中华民族精神的教化系统建立了根基和骨架，其熔铸于中华民族的思想意识里，为中华民族道德素质的提高和良好社会风气的形成起到了重要的推动作用。

三、儒学对中华民族精神协调系统的培育

从民族构成来看，中国自古以来就是个多民族的国家，民族关系的复杂程度一点都不亚于世界上的其他多民族地区。但是总体来说，中国民族关系却处理得很好，虽然也出现过战乱纷争，但每一次大的分裂过后带来的都是民族间更大规模的融合，和睦相处始终是中国民族关系发展的主流。再从社会构成来看，中国古代是个家国同构的社会，作为构成社会基本组成单位的家庭，往往是几代同堂的大家庭，人际关系复杂。但是，中国古代的大家庭却能维持父慈子孝、兄友弟恭、夫妇和顺，井然有序，若非遇上天灾人祸，大家庭往往能够在一个地方世代繁衍。在古代，中国实行的是村落自治，在无外部强制力量干预的情况下，人与人之间也能找到有效的方式解决彼此间的矛盾，基本上能做到相安无事。要探究其中的原因，从精神层面则可主要归功于支撑中华民族生存发展的民族精神为协调人与人的关系提供了一套与中国古代社会相适应的切实可行的原则，这些原则就构成了中华民族精神协调系统的主体内容。在中华民族精神协调系统形成发展的过程中，儒学做出了重要贡献，儒学赋予了中华民族精神的协调系统浓厚的集体主义色彩，它激励中华民族成长为一个重群体、重社会效益的合群体性的民族。

（一）协调系统的价值导向

儒学是关于“人”的哲学。儒家协调个人与他人、个体与群体关系的基本宗旨是

将人看作“群”的存在，寓个体于群体之中，按照社会关系定位个体的社会角色，并根据社会角色赋予个体相应的权利、责任和义务，将个体价值与群体价值紧密相连。在儒家的视野中，“成己”与“成人”是一体的，儒家一方面致力于以仁、义、礼修身，成就以君子、圣人为代表的理想人格，另一方面又孜孜追求将仁、义、礼等道德原则推己及人，由“修身”达致“齐家”“治国”“平天下”，从而实现由“独善其身”到“兼济天下”的过渡，以营造德化的理想社会。

群体本位

儒家思想几乎全部围绕人的合群体性而建构，“合群体性”是儒学的鲜明特征。儒家深刻地体认到了“群”的重要性，体认到了个体能力的有限性，他们认清楚了人必须存身于群体之中，必须依赖他人的协助支持才能够生存的道理，即谓“一人之身，而百工之所为备”①“百技所成，所以养一人也。而能不能兼技，人不能兼官”②。在儒家看来，人“力不若牛，走不若马，而牛马为用”的原因就在于“人能群，彼不能群也”③。总之，人只有在群体中才能体现出人的优越性，离群索居没有出路，儒家从而得出了“人生不能无群”④的结论。在儒家看来，“善群”也是成为君主的必备素质，即“能以事亲谓之孝，能以事兄谓之弟，能以事上谓之顺，能以使下谓之君。君者，善群也”⑤。

除了以上儒家对“群”的这些直接论述之外，从儒学的核心理念中也可以体会到儒学对“群”的重视。例如“仁”，从词源上来看，《说文解字》释“仁”曰“从人从二”，表征的就是人与人之间的关系；从意义上来看，“仁者爱人”被视为“仁”最基本的含义，“仁者爱人”就是要爱“我”之外的其他人，在中国古代这个注重血缘亲情的宗法社会，仁爱的对象首先指向的是父母、兄弟等家族成员，然后再由爱自己的父母、兄弟出发，推而广之爱社会上的其他人。可见，无论从词源还是儒家本意来看，

①《孟子·滕文公上》
②《荀子·富国》
③④⑤《荀子·王制》

“仁”都是人与人之间关系的表征。再例如，儒家达致“仁”之道路的“义”，以及对“仁义”进行规范的“礼”，体现的也都是对群体共同利益的维护，规定的是人与人之间相互的责任和义务。

在价值导向上，儒家重视群体，将群体价值作为个体价值的参照系，当个体利益与群体利益发生冲突时，主张要以群体利益为重，必要时要勇于牺牲个体利益以成全群体利益；儒家认为个体的发展与群体的发展紧密相关，总是将修己与安人、安百姓相联系，将修身与齐家、治国、平天下相联系，讲究由“内圣”开出“外王”；儒家反对离群索居，例如，孔子说：“鸟兽不可与同群，吾非斯人之徒与而谁与？”① 荀子也说：“离居不相待则穷。”②

总之，儒家从不孤零零地谈论“人”，而是把人看作群体中的一员，认为个体只有在群体中、在与他人的关系中才能定位自身，找到自身的价值。儒家强调人的社会角色，强调个体对群体的责任和义务，以个体对家庭、对社会的贡献来衡量个体价值的大小。群体本位、合群体性是儒家思想的基本特征，是其协调个人与他人、个人与群体关系的基点。

协调群体关系的方案：礼制中的“正名”与情感中的“忠恕”

人生活于社会群体中，社会群体又由每个人构成，社会成员的身份、角色、社会分工不同，只有每个人都各司其职又彼此配合，社会才能有效运转，群体才不至于分崩离析，正所谓“人生不能无群，群而无分则争，争则乱，乱则离，离则弱，弱则不能胜物”③。从制度层面，儒家对此问题的解决方案是建构了一套作为社会规范的“礼”。而“礼”要顺利落实，首要前提便是让每个人都找准自己的位置，进而才有可能对号入座，遵循自己应该遵循的“礼”。明晰社会成员身份、角色的过程就是“正名”。

①《论语·微子》
②《荀子·富国》
③《荀子·王制》

孔子说："名不正，则言不顺；言不顺，则事不成；事不成，则礼乐不兴；礼乐不兴，则刑罚不中；刑罚不中，则民无所措手足。故君子名之必可言也，言之必可行也。"① 孔子之所以重视"正名"，是因为他认为"名"是人之社会角色的表征，不同的"名"代表着不同的伦理属性，包含着不同的权利、责任、义务和德才要求，可以给人定位。正因为"名"具备如此功能，所以孔子认为通过"正名"，可以明确每个人的社会角色，规范每个人的言行品德，倘若人人都能名副其实，"不在其位，不谋其政"②，各"位"其所当"位"，都尽到自己对他人、对家庭、对社会应尽的责任和义务，那人与人之间的关系自然就协调有序了。因此，当齐景公问政于孔子时，孔子回答说："君君，臣臣，父父，子子。"③ "君君"是说享有君之名的人要有"君"的威严，要具备"君"之名所要求的才能德行，真正起到"君"的作用；"臣臣"是说享有"臣"之名的人，要有"臣"的样子，胜任"臣"的职能；"父父"是指享有"父"之名的人要有为"父"的尊严，尽到为"父"的责任；"子子"是说享有"子"之名的人，要有当"子"的姿态，尽到当"子"的义务。否则，如果君不君、臣不臣、父不父、子不子，每个人都背离自身的社会角色，名不符实，则社会秩序必然大乱。孟子基本上继承了孔子的"正名"思想，也说："欲为君尽君道，欲为臣尽臣道。"④

荀子的"正名"思想较之孔、孟更加明确和完备。荀子对"名"的作用进行了分析，他讲："贵贱不明，同异不别，如是则志必有不喻之患，而事必有困废之祸。故知者为之分别，制名以指实，上以明贵贱，下以辨同异。贵贱明，同异别，如是则志无不喻之患，事无困废之祸，此所为有名也。"⑤ 可见，"名"的作用就是明贵贱、辨同异。在荀子的思想体系中，与"正名"含义相同的另外一个概念是"分"。在荀子看来，人之"群"不应该是松散而随意地简单聚集和机械相加，而应该层级分明、井

① 《论语·子路》
② 《论语·宪问》
③ 《论语·颜渊》
④ 《孟子·离娄上》
⑤ 《荀子·正名》

然有序。荀子认为“分”正是使“群”达致这一目标的基础，“群而无分则争”①，“分”可以使贵贱有等、长幼有差、“人载其事而各得其宜”②。荀子将“分”称为“群居和一之道也”③，将“无分”看作“人之大害”④，将“有分”视为“天下之本利”，人君“所以管分之枢要也”⑤。

总之，“名”是正确处理社会关系，使“群”之为“群”的制度前提。儒家的“正名”就是要用“名”来匡正人的行为，使人人都对自己有准确定位，都对自身的权利、责任、义务有自知之明，从而使人自觉接受“名”所对应的仁、义、礼等道德规范的约束，扮演好自己的社会角色，这样才能确保人际关系和谐，确保社会有效运转。

除了儒家在制度领域用“正名”的方式来确保群体有效运转之外，在情感领域，儒家也设计了一套能够妥善协调自我与他人关系，能够确保“合群体性”的方法，那就是“忠恕之道”。该原则特别适用于个人，操作简便，行之有效。所谓“忠恕之道”，简言之就是“己欲立而立人，己欲达而达人”⑥“己所不欲，勿施于人”⑦。《荀子》对“恕”做了进一步阐释，即谓：“君子有三恕。有君不能事，有臣而求其使，非恕也；有亲不能报，有子而求其孝，非恕也；有兄不能敬，有弟而求其听令，非恕也。士明于此三恕，则可谓端身矣。”⑧可见，“忠恕”之道的实质是以同情心和同理心待人，将心比心、推己及人、设身处地地为他人着想，即“有诸己而后求诸人，无诸己而后非诸人”⑨。这样便可以增进人与人之间的理解，化解很多矛盾。“忠恕之道”由孔子提出，孔子对“忠恕之道”十分推崇，以至于曾子说：“夫子之道，忠恕而已矣。”⑩到《大学》时，儒家又提出协调人际关系的“絜矩之道”，《大学》讲：

---

①《荀子・王制》
②③《荀子・荣辱》
④⑤《荀子・富国》
⑥《论语・雍也》
⑦《论语・颜渊》
⑧《荀子・法行》
⑨《大学》
⑩《论语・里仁》

“所谓平天下在治其国者，上老老而民兴孝，上长长而民兴弟，上恤孤而民不倍，是以君子有絜矩之道也。所恶于上，毋以使下，所恶于下，毋以事上；所恶于前，毋以先后；所恶于后，毋以从前；所恶于右，毋以交于左；所恶于左，毋以交于右；此之谓絜矩之道。”考察“絜矩之道”的内容，可以发现其实际上乃是忠恕之道的延伸。

群体本位下的个体价值

儒家虽然以群体为本位，寓个体价值于群体价值之中，但并没有抹杀个体价值，而是主张在不妨碍群体价值的前提下实现个体价值。在儒家看来，个体价值和群体价值并非截然对立、毫不相容，二者完全可以互通互融、相互促进。儒家对个体价值的重视主要体现在以下两个方面：

其一，儒家重视有才华的个体，鼓励人出乎其类，拔乎其萃。例如，孔子倡导“举贤才”，孟子主张“贤者在位，能者在职”[①]“尊贤使能，俊杰在位”[②]，荀子提倡“尚贤使能”[③]“无德不贵，无能不官”[④]。需要指出的是，儒家推崇贤人，但反对贤人“倨傲僻违以骄溢人”[⑤]，而主张“贤人”应该具备“以能问于不能，以多问于寡；有若无，实若虚”[⑥]的胸怀。更为重要的是他们认为“贤人”应该能够容纳才能和德行比自己低的人，并且帮助他们一起进步，即“君子能则宽容易直以开道人”[⑦]“贤而能容罢，知而能容愚，博而能容浅，粹而能容杂”[⑧]。总之，儒家所认可的“贤才”是有群体观念的贤才，既才能突出，又谦逊宽容。

其二，儒家肯定士人的独立人格，赞赏其意志、气节和尊严。儒家认为，在大是大非的问题上，人应该勇于坚持正确立场，只要自身正义，举止言行符合“道”，就不必顾忌俗世的看法。例如，孟子曰：“人知之，亦嚣嚣；人不知，亦嚣嚣。”[⑨]荀子

①②《孟子·公孙丑上》
③④《荀子·王制》
⑤⑦《荀子·不苟》
⑥《论语·泰伯》
⑧《荀子·非相》
⑨《孟子·尽心上》

亦曰："天下知之，则欲与天下同苦乐之，天下不知之，则傀然独立天地之间而不畏。"[①] 为了维护道义，即使是面对至高无上的君主，也不应退缩，而应坚持"以道事君"[②]。总体而言，儒家对勇肩道义、有个性、有立场，不随声附和的人赞赏有加。例如，孔子曰："三军可夺帅也，匹夫不可夺志也。"[③] 孟子曰："居天下之广居，立天下之正位，行天下之大道。得志，与民由之；不得志，独行其道。富贵不能淫，贫贱不能移，威武不能屈。此之谓大丈夫。"[④] 反之，对事事无争、一团和气、无是非道义观念的人，儒家则深恶痛绝，孔子斥责这样的人是"阉然媚于世"的"乡愿"之人，孟子将"非之无举也，刺之无刺也"的行为鄙视为"妾妇之道"，认为其是"同乎流俗，合乎污世"的"德之贼"。

综上所述，儒家把"人"看作"群"的存在，以"群"作为协调人际关系的指归：在个人与群体的关系上，儒家强调"群"对个体的制约，主张在群体中给个体"正名"，以明确个体的社会角色以及与角色相应的责任和义务，以"群"为本位，集体观念浓郁；在人与"己"的关系上，儒家也是从群体和睦着眼，崇尚"忠恕之道"，主张推己及人，将心比心，设身处地地为他人着想，以此来协调人与人之间的关系。儒家在"群体本位"的前提下，也重视个体价值，肯定个体的才华，尊重个体的人格、气节和尊严，即肯定道德主体有特立独行的自由，但这种自由不是无法无天、唯我独尊的自由，而是以"道"为标准和限阈，"从心所欲不逾矩"[⑤] 的自由。在儒家这种"群体本位"的熏陶之下，中华民族成长为以社会整体利益为最高准则，以天下兴亡为己任的识大体、顾大局的民族。北宋范仲淹所作《岳阳楼记》云："不以物喜，不以己悲。居庙堂之高，则忧其民；处江湖之远，则忧其君。是进亦忧，退亦忧。然则何时而乐耶？其必曰'先天下之忧而忧，后天下之乐而乐'乎！"明清之际黄宗羲曰：

---

①《荀子·性恶》
②《论语·先进》
③《论语·子罕》
④《孟子·滕文公下》
⑤《论语·为政》

“不以一己之利为利，而使天下受其利；不以一己之害为害，而使天下释其害。”[1] 鲁迅先生总结说：“我们自古以来就有埋头苦干的人，有拼命硬干的人，有为民请命的人，有舍身求法的人……虽是等于为帝王将相作家谱的所谓正史，也往往掩不住他们的光辉，这就是中国的脊梁。”

（二）协调系统的具体规范

儒家重视“人伦”，“学则三代共之，皆所以明人伦也”[2]。孟子将人伦关系具体为五类：父子关系、君臣关系、夫妇关系、兄弟关系、朋友关系，又称“五伦”。对于这些具体关系的处理，孟子的主张是“父子有亲，君臣有义，夫妇有别，长幼有序，朋友有信”[3]。本节即以这五种基本人际关系为例，来探讨一下儒家在群体本位的价值导向下，协调这些具体人伦关系的方式、方法。

孝、悌、别

《周易·序卦》云：“有天地然后有万物；有万物然后有男女；有男女然后有夫妇；有夫妇然后有父子；有父子然后有君臣；有君臣然后有上下；有上下然后礼仪有所错。”人一出生就置身于一定的家庭关系之中，家庭关系是人所拥有的最基本的社会关系，是社会关系的起点，因此儒家对家庭关系十分重视，把它看作是处理其他社会关系的基础。而家庭关系又以父子关系、兄弟关系、夫妻关系为核心。

对于父子兄弟间关系的协调，儒家的基本主张是父慈子孝、兄友弟恭，尤其强调“孝”和“悌”。“孝”即孝敬父母，“悌”即恭敬兄长。由于血缘亲情是最自然、最真实的情感，而父子兄弟间的关系又是血缘关系中最密切的关系，因此儒家将孝悌之道视为“仁爱”的起点，即谓“孝弟也者，其为仁之本与”[4] “尧、舜之道，孝

---

①《明夷待访录·原君》
②③《孟子·滕文公上》
④《论语·学而》

弟而已矣”[①]。在儒家看来，一个人如果在家不能爱父母兄弟，那么在外也就不可能对其他人施以仁爱，“老吾老，以及人之老”的前提是“老吾老”，“幼吾幼，以及人之幼”的前提是“幼吾幼”。

儒家常将“孝”“悌”相提并论，尤其对“孝”做了较为详细的阐释。那到底什么是“孝”呢？在儒家看来，“孝”除了通常意义上的在物质方面赡养父母之外，最核心的要求是尊敬父母，这正如孟子所言“孝子之至，莫大乎尊亲”[②]。在儒学的视野中，对父母的尊敬主要表现为：与父母相处时，面色要恭敬，言语要和顺，即谓“孝子之有深爱者必有和气，有和气者必有愉色，有愉色者必有婉容”[③]；与父母意见不一致时，可以委婉地劝谏父母，若父母执意不听，还是要尊重父母，即谓“事父母几谏，见志不从，又敬不违，劳而不怨”[④]；孝敬父母要及时，即谓“父母之年，不可不知也。一则以喜，一则以惧”[⑤]；要把父母放入自己的人生规划中，即谓“父母在，不远游，游必有方”[⑥]；对父母的尊敬要贯穿父母的生前和身后，即谓“生，事之以礼；死，葬之以礼，祭之以礼”[⑦]；要爱惜自己的身体和名誉，即谓“事孰为大？事亲为大。守孰为大？守身为大。不失其身而能事其亲者，吾闻之矣。失其身而能事其亲者，吾未之闻也”[⑧]。

家庭关系中的夫妻关系也是儒家“五伦”中的重要一伦。对于夫妻关系，儒家的基本协调原则称之为“别”。据《礼记·哀公问》记载：“（哀公）曰：敢问为政如之何？孔子对曰：父子亲、夫妇别、君臣严。三者正，则庶物从之矣。”孟子也曰“夫妇有别”，荀子也多次提到夫妇之分，夫妇之别。“别”主要指夫妇之间的地位之“别”和分工之“别”，各有各的权利和义务。夫妇虽要有“别”，但“别”也是为了更好地成为一体。《仪礼·丧服》中即有“夫妻一体”的说法。儒家倡导夫妻恩爱、同

---

①《孟子·告子下》
②《孟子·万章上》
③《礼记·祭义》
④⑤⑥《论语·里仁》
⑦《论语·为政》
⑧《孟子·离娄上》

甘共苦、白头偕老，在流传下来的古籍中有许多关于如何正确处理夫妻关系的言论。例如，王韬讲："教化之原必自一夫一妇始，所谓理之正，情之至也。试观乡里小民，男耕女织，夫倡于前，妇随于后，岁时伏腊，互相慰藉，虽历辛勤而不怨。"① 张履祥在《训子语》中亦曰："妇之于夫，终身攸托，甘苦同之，安危与共。故曰：得意一人，失意一人。舍父母兄弟而托身于我，斯情亦可念也。事父母，奉祭祀，继后世，更有其大者矣。有过失宜舍容，不宜辄怒；有不知宜教导，不宜薄待。"这些言论都反映了儒家在处理夫妻关系问题上的价值观。

诚信、自省

人在社会上立足，除了需要家庭亲情之外，还必须同家族之外的人交往，从他们那里获得情感慰藉、支持与帮助，这就产生了朋友关系。在各种人际关系中，朋友关系可谓最平等，最具有普遍性。儒家对朋友关系非常重视，例如，《论语》开篇即曰："有朋自远方来，不亦乐乎？"② 曾子一日三省吾身，其中之一便是"与朋友交而不信乎"③，孟子也将朋友列为"五伦"之一。

儒家对朋友的选择持非常慎重的态度。儒家认为，人若"得良友而友之，则所见者忠信敬让之行也；身日进于仁义而不自知"，反之，倘若与"不善人处，则所闻者欺诬诈伪也，所见者污漫、淫邪、贪利之行也，身且加于刑戮而不自知者"④。物以类聚、人以群分，通过这个人所交的朋友，便可大致判断这个人的品行，正所谓"不知其子视其友，不知其君视其左右"⑤。因此，儒家建议那些有志于成就理想人格的人一定要"取友善人，不可不慎"。那么什么样的人值得交往，什么样的人不值得交往呢？儒家先哲给出了答案，孔子说："益者三友，损者三友。友直，友谅，友多闻，益矣。友便辟，友善柔，友便佞，损矣。"⑥ 孟子说："不挟长，不挟贵，不挟兄弟而

① 王韬：《弢园文录外编·原人》
②③《论语·学而》
④⑤《荀子·性恶》
⑥《论语·季氏》

友。友也者，友其德也，不可以有挟也。”① 荀子说：“友者，所以相有也。道不同，何以相有也？”②

关于与朋友相处所应遵循的原则，儒家将“信”提到首位。例如，子夏曰：“与朋友交，言而有信。”③ 孟子曰：“朋友有信。”④ “信”的基本含义就是讲信用、守诺言、诚实不欺。孔子认为人没有“信”便不能在世上立足，如《论语·为政》篇讲：“人而无信，不知其可也。大车无輗，小车无軏，其何以行之哉？”《论语·卫灵公》篇亦曰：“言忠信，行笃敬，虽蛮貊之邦，行矣；言不忠信，行不笃敬，虽州里，行乎哉？”据《论语·公冶长》篇记载，当子路问孔子的志向时，孔子对曰：“老者安之，朋友信之，少者怀之。”可见，孔子将“朋友信之”视为他终身追求的道德目标之一。孔子对花言巧语、善于伪装、不能诚信待人的人很厌恶，如《论语·阳货》曰：“色厉而内荏，譬诸小人，其犹穿窬之盗也与？”《论语·公冶长》篇亦云：“巧言、令色、足恭，左丘明耻之，丘亦耻之。匿怨而友其人，左丘明耻之，丘亦耻之。”荀子也将“信”看作是赢得别人尊重的前提，而对内心巧诈的人嗤之以鼻。例如他讲：“体恭敬而心忠信，术礼义而情爱人，横行天下，虽困四夷，人莫不贵。劳苦之事则争先，饶乐之事则能让，端悫诚信，拘守而详，横行天下，虽困四夷，人莫不任。体倨固而心执诈，术顺墨而精杂污，横行天下，虽达四方，人莫不贱。”⑤

在与朋友交往的过程中，儒家认为除了诚信之外，还应常常内省，遇到矛盾多从自身找原因，即“躬自厚而薄责于人”⑥；要择朋友之善而学之，见“不善”则引以为戒，即谓“三人行，必有我师焉。择其善者而从之，其不善者而改之”⑦ “见善，修然

①《孟子·万章下》
②《荀子·大略》
③《论语·学而》
④《孟子·滕文公上》
⑤《荀子·修身》
⑥《论语·卫灵公》
⑦《论语·述而》

必以自存也；见不善，愀然必以自省也”①。

君敬臣忠

儒家处理君臣关系的基本准则是“君敬臣忠”。据《论语·八佾》记载，当鲁定公问孔子：“君使臣，臣事君，如之何？”孔子回答说：“君使臣以礼，臣事君以忠。”可见，在孔子心目中，“君使臣以礼”和“臣事君以忠”是互为条件的。孟子更明确地表达了这层意思，他说：“君之视臣如手足，则臣视君如腹心；君之视臣如犬马，则臣视君如国人；君之视臣如土芥，则臣视君如寇雠。”② 即孟子认为君主如果把大臣当作自己的手足，大臣就会把君主当作心腹；君主把臣子当作犬马，臣子就会把君主当作普通人；君主把大臣当作尘土草芥，大臣就会把君主当作仇敌。可见，儒家所提倡的君臣相处之道，并非指大臣单方面的付出。

儒家所认可的“忠”，并不是指盲目地顺从君主，向君主谄媚以讨君主欢心，而是要从国家的大义考虑，尽心尽力为君主治国安邦出谋划策，即谓“事君，敬其事而后其食”③“立乎人之本朝而道不行，耻也”④。为了维护道义，甚至可以冒犯君主，这就是孔子所说的“勿欺也，而犯之”⑤。荀子还进一步明确了“顺”“谄”“忠”“篡”的含义，并对“社稷之臣”和“国贼”做了界定，他说：“从命而利君谓之顺，从命而不利君谓之谄；逆命而利君谓之忠，逆命而不利君谓之篡；不恤君之荣辱，不恤国之臧否，偷合苟容，以持禄养交而已耳，谓之国贼。君有过谋过事，将危国家、殒社稷之惧也，大臣父兄有能进言于君，用则可，不用则去，谓之谏；有能进言于君，用则可，不用则死，谓之争；有能比知同力，率群臣百吏而相与强君挢君，君虽不安，不能不听，遂以解国之大患，除国之大害，成于尊君安国，谓之辅；有能抗君之命，窃君之重，反君之事，以安国之危，除君之辱，功伐足以成国之大利，谓之拂。故谏、

① 《荀子·修身》
② 《孟子·离娄下》
③ 《论语·卫灵公》
④ 《孟子·万章下》
⑤ 《论语·宪问》

争、辅、拂之人，社稷之臣也，国君之宝也，明君所尊厚也，而暗主惑君以为己贼也。”[①] 可见，在孔子和荀子心目中，对“君”表面的顺从并非“忠”，只有从道义出发，为江山社稷着想，必要时敢于冒颜犯谏才是真正的“忠”。较之孔子和荀子，孟子在君臣关系上的思想更为激进，孟子说：“无罪而杀士，则大夫可以去；无罪而戮民，则士可以徙。”[②] 他甚至大胆地提出“君有大过则谏，反复之而不听则易位”[③] 的主张。

总之，在儒学创始时期，“君使臣以礼”与“臣事君以忠”两个方面互相配合，不可或缺，这与汉代之后出现的“君为臣纲”有很大不同。尽管在封建专制不断强化的进程中，处理君臣关系的准则发生过异化，但是“君敬臣忠”一直作为理想的君臣关系存在于儒家思想中。

重民爱民

与“君臣”关系主要指统治阶层内部的关系不同，“君民”关系表征的则是统治阶层与被统治阶层之间的关系，这是治国安邦所必须协调好的一项重要关系，因此，尽管在儒家所讲的“五伦”中并没有“君民”关系一伦，但本书仍然单列一小节，把其视为“君臣”一伦的延伸和补充而论述之。

在君民关系上，儒家毫无疑问是尊君的，但儒家同时又深刻地认识到，君权需要民众的支持和配合才能够稳固，君与民之间是互相抗衡又互相依赖的关系。对这对关系的协调，荀子有段话说得甚好，他讲：“马骇舆则君子不安舆，庶人骇政则君子不安位。马骇舆则莫若静之，庶人骇政则莫若惠之。选贤良，举笃敬，兴孝弟，收孤寡，补贫穷，如是，则庶人安政矣。庶人安政，然后君子安位。”[④] 可见，在儒家看来，要获得民众的支持，最有效的方式就是实行德治、王道、重视和爱护人民，这

①《荀子·臣道》
②《孟子·离娄下》
③《孟子·万章下》
④《荀子·王制》

样，儒家又从“君本位”过渡到“民本位”，尊君论与民本论恰似儒家政治伦理思想的两翼，二者相互结合，相互渗透。

重民爱民的思潮可以追溯到西周。西周统治者在商朝灭亡的过程中，看到了民众的力量，他们吸取教训，开始在治国方略中注入德政的新因素，如《尚书·康诰》记载：“惟乃丕显考文王，克明德慎罚，不敢侮鳏寡，庸庸、祗祗、威威、显民。”儒家发展了西周以来的“民本”的思想萌芽，其“民本”思想主要体现在如下六个层面：

其一，以德治为主，德法结合，反对暴政。“德治”首先要求统治者有较高的道德水平，以影响和感染民众，即“上好礼，则民莫敢不敬；上好义，则民莫敢不服；上好信，则民莫敢不用情”①。儒家认为以德服人，更能征服民众的内心，即“道之以政，齐之以刑，民免而无耻；道之以德，齐之以礼，有耻且格”②。儒家在主张“德治”的同时，也在一定程度上意识到了“法治”的作用，认为德法应该结合。例如，孟子讲：“徒善不足以为政，徒法不能以自行。”③ 基于对“德治”的推崇，儒家对暴政深恶痛绝，并对其进行了猛烈抨击，如孔子批判说“苛政猛于虎也”。

其二，养民，富民，使民以时，与民同乐。孔子认识到“百姓足，君孰与不足？百姓不足，君孰与足？”④ 他将“养民也惠”视作君子四道之一，并高度评价“博施于民而能济众”的行为，称赞其为“何事于仁！必也圣乎”⑤。孟子则更明确具体地提出要制民“恒产”，认为这样才能换取民众长久的拥护。此外，要想养民、富民，还应注意索取有度，使民以时。孔子认为，征民众服徭役，应特别慎重，不能干扰民众正常的生产生活，即“使民如承大祭”⑥，并将“使民以时”看作治理国家的重要手

---

①《论语·子路》
②《论语·为政》
③《孟子·离娄上》
④《论语·颜渊》
⑤《论语·雍也》
⑥《论语·颜渊》

段，即“道千乘之国，敬事而信，节用而爱人，使民以时”①。孟子将“不违农时”视为王道之始，孟子曰：“不违农时，谷不可胜食也。数罟不入洿池，鱼鳖不可胜食也。斧斤以时入山林，材木不可胜用也。谷与鱼鳖不可胜食，材木不可胜用，是使民养生丧死无憾也。养生丧死无憾，王道之始也。”② 与民同乐是对统治者提出的更高要求，在儒家看来，“乐民之乐者，民亦乐其乐；忧民之忧者，民亦忧其忧。乐以天下，忧以天下，然而不王者，未之有也”③。儒家认为只有与民同乐，统治者的“乐”才能有保障。

其三，教民。注重教化是儒家德治理念的重要组成部分。《论语》记载了一段冉有与孔子的对话：“冉有曰：‘既庶矣，又何加焉？’曰：‘富之。’曰：‘既富矣，又何加焉？’曰：‘教之。’”④ 荀子也表达过这种“富而后教”的思想，他说：“不富无以养民情，不教无以理民性。故家五亩宅，百亩田，务其业而勿夺其时，所以富之也。立大学，设庠序，修六礼，明十教，所以道之也。诗曰：‘饮之食之，教之诲之。’王事具矣。”⑤ 孟子则将“教民”看作得民心的重要手段，他说：“仁言，不如仁声之入人深也。善政，不如善教之得民也。善政民畏之。善教民爱之。善政得民财，善教得民心。”⑥

其四，广开言路，听取民众意见。例如孟子曰：“左右皆曰贤，未可也；诸大夫皆曰贤，未可也；国人皆曰贤，然后察之；见贤焉，然后用之。左右皆曰不可，勿听；诸大夫皆曰不可，勿听；国人皆曰不可，然后察之；见不可焉，然后去之。左右皆曰可杀，勿听；诸大夫皆曰可杀，勿听；国人皆曰可杀，然后察之；见可杀焉，然后杀之。故曰国人杀之也。如此，然后可以为民父母。”⑦

其五，取信于民。孔子认为统治者若失去了百姓的信任，便失去了政权稳固的根

---

①《论语·学而》
②《孟子·梁惠王上》
③⑦《孟子·梁惠王下》
④《论语·子路》
⑤《荀子·大略》
⑥《孟子·尽心上》

基。《论语》记载了子贡与孔子的一段对话："子贡问政。子曰：足食，足兵，民信之矣。子贡曰：必不得已而去，于斯三者何先？曰：去兵。子贡曰：必不得已而去，于斯二者何先？曰：去食。自古皆有死，民无信不立。"① 荀子也将诚信看作治国安邦的基本准则，他认为官僚应"诚能然后敢受职"②，统治阶级对老百姓要"时使而诚爱之"③。荀子非常痛恨那种心底不诚，而又能说会道、玩弄权术的人。他批评这样的人说："听其言则辞辩而无统，用其身则多诈而无功，上不足以顺明王，下不足以和齐百姓。"④

其六，反对不义战争。儒家认为不义战争给人民造成巨大的苦难，劳民伤财，所谓"争地以战，杀人盈野；争城以战，杀人盈城；此所谓率土地而食人肉，罪不容于死"⑤。儒家认为君主应将精力放在施行仁德和保民之上，孔子曰："远人不服，则修文德以来之。"⑥ 儒家认为"以德服人"比发动战争效果更好，即"保民而王，莫之能御也"⑦"国君好仁，天下无敌焉"⑧。

总体来看，儒家意识到了人民的力量，认为统治者要巩固政权必须获得人民的支持，而获得支持的途径就是要以德治为主，养民、富民、教民、爱民，他们的治国方略中重民爱民的色彩非常浓厚，他们关于天下得失取决于民心向背的思想敏锐而深刻，是一种远见卓识。

综上所述，儒家为处理父子关系、兄弟关系、夫妻关系、朋友关系、君臣关系、君民关系所提出的孝、悌、别、信、忠、民本等原则，是对群体本位、正名思想、忠恕之道等处理人际关系基本原则的具体运用。这些处理人际关系的原则对中国社会产生了深远影响，为中国社会的稳定和人际关系的和谐发挥了巨大作用。尽管这些具体原则所包含的某些因素有些已经过时，甚至还有糟粕，但是去掉那些不合时

---

①《论语·颜渊》
②《荀子·儒效》
③《荀子·议兵》
④《荀子·非相》
⑤《孟子·离娄上》
⑥《论语·季氏》
⑦《孟子·梁惠王上》
⑧《孟子·尽心下》

宜的成分，并赋予其与现代社会相适应的新内涵，仍然能够为现代社会所用。例如，“孝、悌、别”倘若去除等级压制和人身依附的成分，其中所彰显的亲情与家庭责任，对今天的家庭伦理建设仍有值得借鉴的意义；再例如，以诚实不欺、重信守诺、言行一致为主要特征的“信”，在当今社会也是人与人之间良性交往的前提；“忠”也可以由封建社会中对君主一家一姓的“忠诚”转化成对党和人民、对国家根本利益的忠心等。总之，儒家所构建的协调人与人关系的准则，是中华民族传统美德的重要组成部分，其精华部分已经积淀为中华民族精神的一部分，值得重视。

四、儒学对中华民族精神凝聚系统的培育

民族凝聚力是一个民族在历史发展中所形成的维系民族感情、团结民族成员的合力，它是民族精神的激励系统、教化系统、协调系统作用于全体民族成员而产生的整体效果，民族精神中有利于增强民族凝聚力的因素就构成了民族精神的凝聚系统。民族凝聚力的强弱与该民族的思想文化密切相关，因为思想文化直接引领、塑造了该民族的价值观念，而价值观念的认同是一个民族深层次的认同。中国的历史发展证明，中华民族是一个具有强大凝聚力的民族，这得益于中华优秀传统文化的熏陶浸染。在中国古代社会，儒家文化为古代中国人规设了基本的价值准则和行为规范，成为吸引中华境内各民族的主要精神力量，在思想文化领域发挥着整合中华民族精神世界的重要作用。

（一）和——凝聚系统的最高境界

中华民族精神凝聚系统所要达到的最高境界，用一个字来概括就是“和”。“和”表征的是事物内部诸要素间的平衡协调，以及不同事物间的和谐共处，体现了个性与共性相统一的原则，描述了事物客观的利生状态。“和”这种思想在中国源远流长，它孕育的根基是我国古代以农耕为主的生产方式和以血缘亲情为基础的家国同构的社会结构。农业生产对自然环境的依赖较大，中华先民从农业生产

中深深地认识到风调雨顺、因地制宜、因时制宜的重要意义，这促使他们致力于追求天、地、人的和谐相处。同时，在古代生产力低下的条件下，农业生产更加耗时、耗力，这就把人固定在土地上而很少迁徙。世代生息繁衍形成了一个个大家庭，大家庭关系复杂，家庭成员只有和睦相处、齐心协力才能搞好生产。并且，整个中国古代社会的人际关系以及政治等级秩序也都是从血缘关系中派生出来的，血缘纽带在古代中国是维系人与人关系的基础，而血缘纽带最主要的特征便是亲和性。

在此背景下诞生的儒家文化，一直奉“和”为自己学说的基本精神。儒家学说在一定意义上，可以看作是处理各种关系的学问。在儒学的视野中，各种关系从一切道德规范的运用到诸德之间的配合，从个人修养到民族关系、社会秩序，所能达到的最佳状态就是“和”。这种最佳的和谐状态用儒学话语来说就是“中庸”。中庸在儒家思想中是一个道德性、价值性命题，它涵盖道德目标、道德境界、道德修养方式、道德取向等若干内容，起着范导儒家所建构的整个伦理秩序的作用。儒家的中庸倡导的是一种普遍和谐、包容和谐的理念，它落实于自然、社会、人生的方方面面。在天人关系方面，儒家本人道而言天道，尽人道以合天道，倡导“天人合一”；在国家治理以及民族关系方面，儒家奉“大一统”为政治目标，从不把民族间的差异对立起来，而是主张以道德、教化、交流等和平手段来缩小民族间的差距，实现民族融合；在人与人、人与社会的关系方面，儒家以群体为本位，以道德规范作为协调人与人、人与社会的基本规范，注重人的社会角色和社会义务，注重追求一种和谐有序的社会秩序。

“天人合一”的思维模式

“天人合一”笼统地来讲就是把人与整个宇宙万物看成是相联相通、协调和谐的，而不是把人与外在世界看成是分裂对立的。“天人合一”的思维模式并非儒家一派所独有，而是中国传统思想文化共同的思维旨趣，是中国哲学的基本精神，只是各家各派对这一命题的理解各不相同。其中，儒家的特色就在于侧重于从“义理之天”的层面理解“天”的含义，将“天”作为理想人格和完美社会秩序的根据，将单纯“人”的问题上升为天人关系问题，进而以“天人合一”的思维模式来处理人生问题和社会问题，主张本人道而言天道，尽人道以合天道，人生、人事是儒家“天人合一”观念的出发点和落脚点，儒家主张通过彰显人的道德主体性来达到“天人合一”的理想境界。

就《论语》来考察孔子的思想，他讲人道较多，天道较少，尚未形成系统的天人观，但是其提出的“人能弘道，非道弘人”① 的论断，已经内含了人发挥自身的主体能动性，通过践行仁德来合乎天道的含义。孔子在天人关系问题上论述的薄弱，在他的后学身上得到弥补。在孟子那里，“天人合一”成为其哲学思想的根本出发点，孟子将人性之所以为善的根据追溯至天，把天解释为人性的本原、道德的依据，“天”的伦理道德色彩进一步加强。在孟子看来，人的本性与天性相通，尽管现实的人受欲望的影响，在一定程度上丧失了天赋的善性，但是经过后天的自我完善、自我提升，仍可以找回乃至发扬光大天赋的善性，达到与天道相合的终极目标，成就理想人格。孟子的“天人合一”是一个价值性命题，通过这样一种论证，孟子为道德理性确立了形而上的价值根据，从而使之更具说服力。《中庸》和《易传》基本上与孟子的这一思想理路相同，《易传·系辞上传》认为《易》就是圣人效法天地之道而制定的，即谓“天生神物，圣人则之；天地变化，圣人效之；天垂象，见吉凶，圣人象之；河出图，洛出书，圣人则之”，以至于六十四卦的每一卦都是天、地、人三才相通的具体体现，这就是《说卦》所说的“立天之道，曰阴与阳；立地之道，曰刚与柔；立人之道，曰仁与义。兼三材而两之，故《易》六画而成卦”，这也意味着天道、地道、人道之间只是字面上的差异，三者在本质上一致的，天地之道就是人心性的本原、道德的依据。《易传·乾卦·文言》将“天人合一”的境界具体描述为：“夫大人者，与天地合其德，与日月合其明，与四时合其序，与鬼神合其吉凶。”《中庸》更是将“天人合一”作为全书的主旨，将天命与人性相等同，开篇即曰：“天命之谓性；率性之谓

---

①《论语·卫灵公》

道；修道之谓教。”

儒家的“天人合一”观所体现的是儒家对“和谐”境界的追求，儒家将“和谐”视为“大本”和“达道”，即谓：“中也者，天下之大本也；和也者，天下之达道也。致中和，天地位焉，万物育焉。”① 需要强调的是：儒家所倡导的“和”是包含多样性的圆融和谐，是各种因素在一定原则指导下的有主有次、搭配得当、相得益彰的和谐，而不是不同因素的简单相加，更不是庸俗的调和主义，正所谓“万物并育而不相害，道并行而不相悖”②；儒家倡导的“和”是宇宙、社会、人生的普遍和谐，用《易传》的话讲就是“太和”，所谓“乾道变化，各正性命，保合太和，乃利贞”③。儒家“天人合一”的思维模式以及由此引申出的圆融和谐、普遍和谐的观念，把中华民族塑造成心胸宽广，爱好和平，以中正和谐为理想境界，视天地人为统一整体的深具包容和谐精神的民族。包容和谐的精神深深地渗透到中国人的思想深处，内化成一种民族心理，成为中华民族精神世界的鲜明特色，中华民族重伦理亲情、群体本位、“大一统”等观念都是“天人合一”的普遍和谐观念在社会生活领域的具化。

“大一统”的国家理念

儒家的“中庸”所倡导的普遍和谐、包容和谐的思想，落实到政治领域主要表现为追求统一的“大一统”的国家理念。

“大一统”作为文字第一次明确出现是在《春秋公羊传》中。《公羊传》曰：“王者孰谓？谓文王也。曷为先言‘王’而后言‘正月’？王正月也。何言乎王正月？大一统也。”“大一统”简而言之就是国家在政治、思想、文化等各方面的全面和谐、统一。儒家是一个有着强烈社会担当意识和政治远见的思想学派，儒家很早便认识到了国家统一对社会发展的好处，被儒家列为“五经”之一的《诗经》以诗歌的形式歌颂

①②《中庸》

③《周易·乾卦·彖传》

国家统一的局面，即曰："溥天之下，莫非王土；率土之滨，莫非王臣。"[①] 先秦时期，孔、孟、荀三位大儒的政治思想中都包含着"大一统"的主张。例如，孔子一直视天下一统为政治上最理想的局面，而对割据混战、分崩离析的状态十分厌恶，他说："天下有道，则礼乐征伐自天子出；天下无道，则礼乐征伐自诸侯出。"[②] 孟子认可"天无二日，民无二王"[③]，认为社会应该"定于一"[④]。荀子在著作中也多次提到"一天下"。到汉朝时，董仲舒对"大一统"理念做了进一步阐发，他在《举贤良对策》中引《公羊传》说："《春秋》大一统者，天地之常经，古今之通谊也。"这就将"大一统"上升到了天经地义的真理高度。在此基础上，董仲舒又赋予"大一统"以维护国家统一、政治统一、文化统一等多方面的含义。经过董仲舒的阐发，"大一统"大大超越了《春秋公羊传》统一历法的意义，而成为一个较完善的理论体系。此后，"大一统"深入人心，成为中国社会各阶层的共识，始终发挥着维护国家统一和反对民族分裂的特殊作用。在中国历史上，无论是汉族政权还是少数民族政权，都以实现国家统一为政治理想。从中国实际的历史进程来看，统一也是主流。即使在国家分裂时期，中国人也始终没有放弃对统一的追求，无论是汉族还是少数民族均不例外。例如，据《晋书》114 卷记载，十六国时期氐族苻坚在进攻东晋前就曾说："吾统承大业凡二十年……四方略定，唯东南一隅未蒙王化。吾每思天下不一，未尝不临食辍，今欲起天下兵以讨之……非为地之不广也，但思混一六合，以济苍生。"

儒家虽然倡导"大一统"，但并不推崇单纯依靠武力来实现国家统一。儒家认同的是"礼之用，和为贵"[⑤]，是"远人不服，则修文德以来之。既来之，则安之"[⑥]，即以和平方法实现国家统一。以孔子对管仲的评价为例，孔子认为管仲在辅佐齐桓公时所表现出的最杰出的政治能力就在于管仲"不以兵车之力"便创造了"一匡天

---

①《诗经·小雅·北山》
②⑥《论语·季氏》
③《孟子·万章上》
④《孟子·梁惠王上》
⑤《论语·学而》

下”“九合诸侯”的历史功绩。孟子也是这样，他对“争地以战，杀人盈野；争城以战，杀人盈城”[①] 深恶痛绝，他主张实行“仁政”来以德服人。荀子同样主张“以德兼人”[②]，他强调“行一不义、杀一无罪而得天下，不为也”[③]。在推进国家统一的征程中，这种和平统一的理念有助于化解对立情绪，从而发挥凝聚各民族的积极作用。

在推进“大一统”的进程中，文化的因素至关重要。这是因为在古代中国人心目中，“中国”并不单纯是一个地理概念、政治概念，它更是一个文化概念。这个文化主要指的是重诗书礼乐、重人文教化的儒家文化。儒家虽然很注重夷夏之别，所谓“夷不谋夏，夷不乱华”，显示了对四夷的防范心理，但是儒家所坚持的区分夷与夏的标准，是文明程度的高低，而不是狭隘的种族和地域界限。这样一种区分标准，是和谐的、宽容的，因为文化上的差距可以通过自觉学习、交流、取长补短来弥补。儒家认为通过夷、夏对华夏文明的自觉选择与放弃，可以夷、夏互变，即谓“中国而失礼义则夷狄之，夷狄而能礼义则中国之”。这样一种夷夏可变的思想不狭隘、不排斥，有助于消除民族间的心理隔阂。在中国古代，以儒家学说为主导的华夏文明对周边少数民族具有强大的吸引力，那些以武力入主中原的少数民族总是自觉地接受、学习华夏文明，他们往往以中华正统文化的传承者自居，认为自己与较为先进的华夏文明同祖共源，由此往往倡导儒学，因循汉制，重用汉族文人。例如，据《晋书》101 卷记载，魏晋南北朝时期，匈奴人建立的后汉政权，奉刘邦为太祖，称“昔我太祖高皇帝以神武应朝，廓开大业”。再如，据《周书·帝纪》记载，鲜卑族建立北周政权后，也以“其先出自炎帝神农氏”自居等。文化认同进一步促进了民族认同，促使夷夏观念逐渐淡薄，加速了民族融合的进程。从隋唐开始，“华夷一家”的思想逐渐被汉族和少数民族统治者所认同。例如，隋文帝曾说：“溥天之下，皆曰朕臣。”[④] 唐太宗曾说：“自古皆贵中

① 《孟子·离娄上》
② 《荀子·议兵》
③ 《荀子·儒效》
④ 《隋书·西域列传》

华，贱夷、狄，朕独爱之如一，故其种落皆依朕如父母。”① 明太宗曾说：“华夷本一家，朕奉天命为天子，天之所覆，地之所载，皆朕赤子。”② 雍正皇帝也曾说：“自我朝入主中土，君临天下，并蒙古极边诸部落，俱归版图，是中国之疆土开拓广远，乃中国臣民之大幸，何得尚有华夷中外之分论哉！”③

总之，儒家的“大一统”观念是多民族的中国追求统一的思想动力，它对我国的历史进程和民族关系的发展演变产生了积极影响，是中华民族向心力和凝聚力的来源。中华各民族对于“统一”的向往，对儒家礼乐文明的认同，以及对同源共祖的民族历史的认同，推动了中华民族的融合进程。

“道德至上”“群体本位”的价值导向

儒家的“中庸”所倡导的普遍和谐、包容和谐的思想，落实到社会人生领域便表现为追求人际和谐。儒家对“人和”十分重视，例如，孟子认为“天时不如地利，地利不如人和”④，荀子认为“上不失天时，下不失地利，中得人和，而百事不废”⑤。儒家倡导的“群体本位”“道德至上”的价值理念为“人和”提供了思想保障。

儒家学说以人为本，但儒家从不孤零零地谈论个人，而总是将人放在群体中去考察，强调人的社会角色和社会义务。儒家认为每个人只有在宗法血缘、家国同构的社会网络上才能找到个体位置，只有尽到这个社会位置所附带的责任和义务，才能够体现出个人价值，群体利益重于、高于个体利益。儒家本着这种“群体本位”的价值原则，以血缘亲情为中心，以“忠恕”之道为总体方法，将心比心、由我及人、由家及国，来处理协调人与人之间的关系以追求人际关系的和睦，用《孝经》的话来讲就是：“教以孝，所以敬天下之为人父者也；教以悌，所以敬天下之为人兄者也。”儒家还从道德的层面来定义人，认为人所以为人，就在于人有道德追求、有高尚的精神

①《资治通鉴》卷一九八
②《明太宗实录》卷二六四
③《大义觉迷录》
④《孟子·公孙丑下》
⑤《荀子·王霸》

生活。儒家以仁德作为人之为人的本质，重义轻利，以道德来规范、约束个体行为。黑格尔曾评价说："在中国人那里，道德义务的本身就是法律、规律、命令和规定。"① 道德追求就意味着自我克制乃至自我牺牲，是一种利他的行为。儒家认为为了维护国家、民族大义而牺牲个体利益是非常值得的，在个体利益与群体利益发生冲突的情况下，在国家危亡之时，个体应该"舍生取义""杀身成仁"。关于儒家进行道德修养的根据和具体方法，关于协调人际关系的具体原则，在前文"儒学对中华民族精神教化系统的培育""儒学对中华民族精神协调系统的培育"中已经做过论述，这里仅点到为止，不再赘述。

在儒家视野中，社会的极致和谐就是"大同社会"。《礼记·礼运》篇描述了一幅大同社会的美好图画，即谓："大道之行也，天下为公。选贤与能，讲信修睦。故人不独亲其亲，不独子其子，使老有所终，壮有所用，幼有所长，鳏、寡、孤、独、废疾者皆有所养。男有分，女有归。货恶其弃于地也，不必藏于己；力恶其不出于身也，不必为己。是故谋闭而不兴，盗窃乱贼而不作，故外户而不闭，是谓大同。"大同社会就是一个高度和谐的太平盛世。"大同社会"反映了中华民族对未来社会的憧憬。

总之，儒家为中国人确立的"群体本位""道德至上"的价值取向，有助于中华民族涵养道德品性，促进人际和谐，砥砺民族气节。儒家文化就是这样通过伦理道德将个人与他人、个人与社会联系在一起，这成为中华民族具有强大凝聚力的内在动因之一。

（二）"执两用中"与"时中"——达致"和"总体方法

如前文所述，"和"在儒家视野中是指宇宙、社会、人生的普遍和谐，是各种因素配合得当的圆融和谐。为了达致天、人之间的圆融和谐，儒家设计了一条"尽心知性知天"的路线；为了达致民族间的圆融和谐，儒家建构了"大一统""以夏变夷"的

① ［德］黑格尔著，贺麟、王太庆译：《哲学史演讲录》，北京：商务印书馆，1981 年，第 125 页。

理念；为了达致人与人之间的圆融和谐，儒家倡导“群体本位”“道德至上”的价值取向，追求大同社会的理想境界，并针对不同的人际关系提出了忠、孝、悌、信等一系列具体行为规范，等等。在这些具体的方法中，蕴含着一些共同点，将其抽象出来便是“执两用中”与“时中”，这两点是儒家达致普遍和谐、圆融和谐即“中庸”的总体方法。

执两用中

所谓“执两用中”就是看事情、处理问题时要从整体、从全面处着眼，把握住相反相成的方面，找到事情发展变化的中正之点，不偏执。孔子曾说：“舜其大知也与！舜好问而好察迩言，隐恶而扬善，执其两端，用其中于民，其斯以为舜乎！”①可见，在孔子的视野中，舜的英明之处就在于他善于“执其两端，用其中于民”。“中”是指中正之点，即最佳方案、最佳状态等，用朱熹的话讲就是：“这个中本无他，只是平日应事接物之间，每事理会教尽，教恰好，无一毫过不及之意。”②

为什么要“执两”呢？这个“两”是从哪里来的呢？儒家之所以特别强调要“执两”，是因为儒家通过“仰则观象于天，俯则观法于地，观鸟兽之文与地之宜，近取诸身，远取诸物”③，即通过对社会生产、生活的观察体认，认识到了事物一般都包含着相反相成的两个方面，“两”具有普遍性。对这个“两”最一般的概括就是“阴”和“阳”。阴阳的象征范围很广，大宇宙中的一切相反相成的方面都可以用阴和阳来代表，如天地、上下、君臣、夫妇等。《周易·系辞上传》曰：“一阴一阳之谓道。”朱子亦云：“天地之间，无往而非阴阳，一动一静，一语一默，皆是阴阳之理。”④ 从西周末年，人们便开始用阴阳二气的消长来揭示事物运动变化的原因，例如伯阳父便将三川发生地震归结于“阳伏而不能出，阴迫而不能蒸”⑤ 的阴阳失调。儒家经典《易

---

①《中庸》
②《朱子语类》卷一百二十四
③《周易·系辞下传》
④《朱子语类》卷六十五
⑤《国语·周语上》

传》进一步将“阴阳”这对范畴上升到哲学高度，认为阴阳相互作用，平衡消长，推动着事物不断向前发展，只有阴阳处于平衡和谐中，事物才能达到最佳的发展状态。《周易》的六十四卦便由阳爻和阴爻组合而成，凡是阳爻居阳位，阴爻居阴位，就是当位，谓之“得正”；凡阳爻居阴位，阴爻居阳位，就是不当位，谓之“失正”。《易传》崇尚二、五中爻，认为二、五爻正处于“不偏不倚，无过无不及”的平衡点上，凡阳爻居二或五之中位，象征刚中之德；阴爻居二或五之中位，象征柔中之德；若阴爻处二位，阳爻处五位，则是既中且正，称为“中正”，往往象征着吉利亨通。南宋叶适在《水心别集·中庸》中对事物普遍包含两个相反相成的方面进行了总结概括，他说：“道原于一而成于两。古之言道者必以两。凡物之形，阴阳、刚柔、逆顺、向背、奇偶、离合、经纬、纪纲，皆两也，非一也。一物无不然，而况万物；万物皆然，而况其相禅无穷者乎！”

儒家所提倡的“执两”实际上就是要求作为主体的人在认识和处理各种问题时，能对事物进行全面考察，这样才有可能找到恰如其分、正确合理的平衡点，把握好“度”，才能把事情办得正确合理，达致圆融、和谐的状态。倘若不是“执两”而是“执一”，仅着眼于其中的一个方面，而忽略其他方面，那么便会因为“过”或“不及”而陷入片面的境地。《论语》记载的孔子和子贡的一段对话就说明了这个道理，“子贡问：师与商也孰贤？子曰：师也过，商也不及。曰：然则师愈与？子曰：过犹不及”①。基于“过犹不及”的认识，孔子提出了若干具有辩证意义的命题，例如，“学而不思则罔，思而不学则殆”②“质胜文则野，文胜质则史。文质彬彬，然后君子”③“君子泰而不骄，小人骄而不泰”④“君子矜而不争，群而不党”⑤“君子周而不比，小人比而不周”⑥“君子和而不同，小人同而不和”⑦，等等。在这些引文中，孔子把思与学、文与质、泰与骄、矜与争、群与党、周与比、和与同联系起来加以考虑，目的就在于

---

①《论语·先进》
②⑥《论语·为政》
③《论语·雍也》
④⑦《论语·子路》
⑤《论语·卫灵公》

引导人在处理问题时全面思考，适当平衡以期恰到好处，在“无过”与“无不及”间保持最佳和谐状态，这就是“执两用中”的方法。

儒家“执两用中”达致和谐圆融的方法，应用领域非常广泛，体现在社会生活的方方面面，现择两点来简要说明之。其一，“执两用中”是儒家认识事物的重要手段。孔子认为只有全面分析事物正反两方面的情况才能获得真知，他说：“吾有知乎哉？无知也。有鄙夫问于我，空空如也。我叩其两端而竭焉。”① 荀子进一步阐发了在认识问题上“叩其两端”的必要性和“蔽于一曲”的危害性，他指出：“凡人之患，蔽于一曲而暗于大理。”②“万物为道一偏，一物为万物一偏，愚者为一物一偏，而自以为知道，无知也。”③ 其二，“执两用中”是儒家治国、平天下的基点。“执其两端，用其中于民”的施政方法由来已久，如《尚书·洪范》篇便记载：“无偏无陂，遵王之义；无有作好，遵王之道；无有作恶，遵王之路；无偏无党，王道荡荡；无党无偏，王道平平；无反无侧，王道正直；会其有极，归其有极。”儒家所倡导的“有文事者必有武备，有武事者必有文备”④、惠而不费、劳而不怨、欲而不贪、泰而不骄、威而不猛等理念都是“执两用中”的具体应用。

需要指出的一点是，“执两用中”不是在正确与错误之间取中间，两边不得罪，而是要在两个不恰当点之间寻求合乎规律、适得事理之宜的恰当点，矫“不正”以归于“正”，戒“过”免“不及”以合乎“中”，这才是“执两用中”的本意。正如朱熹所说：“盖凡物皆有两端，如小大厚薄之类。”⑤“当厚而厚，即厚上是中；当薄而薄，即薄上是中。”⑥ 可见，“中”指的是对一件事情，所应采取的最恰当的方式、最适宜的态度等，而绝非不分青红皂白，一律从厚薄之间取中间状态。儒家这一立场从其对“乡原”的反感中便可表现出来。“乡原”指的就是没有是非观念，没有道德立场，只知逢迎讨好的媚俗者，他们貌似执守中道，实际上却是“以同稗同”的伪君子。孔子

---

①《论语·子罕》
②《荀子·解蔽》
③《荀子·天论》
④《史记·孔子世家第十七》
⑤《中庸》
⑥《朱子语类》卷六十三

曰：“过我门而不入我室，我不憾焉者，其惟乡原乎！乡原，德之贼也。”[①] 孟子对孔子的这段话进一步解释道：“言不顾行，行不顾言……阉然媚于世也者，是乡原也……非之无举也，刺之无刺也，同乎流俗，合乎污世，居之似忠信，行之似廉洁，众皆悦之，自以为是，而不可与入尧舜之道，故曰德之贼也。”[②]与对“乡原”的斥责相反，孔子赞赏的是“和而不流，强哉矫！中立而不倚，强哉矫”[③] 的君子人格，孟子倡导的是不畏权贵、不媚世俗，敢于正道而行的大丈夫气概。后儒朱熹还曾作《皇极辨》，专门来批判那种“含糊苟切，不分是非，不辨黑白，遇当做的事，只略做些，不要做尽”的折中主义。可见，儒家的“执两用中”与市侩媚俗、无原则、无操守的折中主义完全不同，二者根本不可相提并论。

时中

大千世界千变万化，新事物、新状况层出不穷，社会规范往往滞后于社会现实和具体情况，具有非同步性。很显然，仅靠机械地、教条地去修身、齐家、治国、平天下，根本就不可能适应外界的变化，更不要说达到圆融和谐的“中庸”境界了。儒家认识到了这一点，因此除了“执两用中”的方法之外，儒家认为作为主体的人还应该善于发挥自己的能动性，运用自身智慧，掌握仁、义、礼乃至“道”的精髓，根据不断变化的客观情况灵活处理问题、审时度势，加以权变，这种方法就是“时中”。

按照《说文解字》的解释，“时”本义为季节、时间，“时，四时也。从日，寺声”。“时”就意味着“日新”和“变”，可引申为“机遇”“时机”等意，“时中”也就是要据“时”而“中”。孔子的思想已经具备了“时中”色彩。例如，孔子曾讲：“君子之于天下也，无适也，无莫也，义之与比。”[④] 这句话的意思就是说，君子做事一切以道义为指归，不会拘泥于教条。孔子把善于掌握“时”看作智慧的标志和君子行

---

①②《孟子·尽心下》
③《中庸》
④《论语·里仁》

事的前提，即谓：“好从事而亟失时，可谓知乎？”[①] 孔子还曾把自己同伯夷、叔齐、虞仲、夷逸、朱张、柳下惠、少连这七个逸民相比较，进而以“我则异于是，无可无不可”[②] 来评价自己。“无可无不可”指的就是能够根据形势变化，在不违背“道”的前提下，灵活应对，妥善地处理各种问题，而没有一定要如何做的成规。孔子把“无可无不可”的适时权变视作自己与那些逸民最大的区别。孔子对“权”评价很高，孔子说：“可与共学，未可与适道；可与适道，未可与立；可与立，未可与权。”[③] 关于“权”，唐朝冯用之的一段话解释得很到位，他说：“夫权者，适一时之变，非悠久之用……圣人知道德有不可违之时，礼义有不可施之时，刑名有不可威之时，由是济之以权也。”[④] 在《论语》中，关于权变、时中的思想有很多表达，例如，孔子主张根据“邦有道”和“邦无道”的不同环境来调整人的行为，并对同一行为在不同的条件下做出不同的道德评价，即谓：“邦有道，贫且贱焉，耻也；邦无道，富且贵焉，耻也”[⑤] “邦有道，则仕；邦无道，则可卷而怀之”[⑥] “邦有道，不废；邦无道，免于刑戮”[⑦] “邦有道，则知；邦无道，则愚。其知可及也，其愚不可及也”[⑧] “邦有道，危言危行；邦无道，危行言孙”[⑨]；等等。

孟子所处的时代较之孔子所处的时代，新事物、新现象对旧规范冲击更巨大，因此，同样崇尚“中庸”的孟子，其思想与心态比孔子更加宽容。在“用中”“执中”上孟子更加强调据“时”以“权”，其思想“执中用权”以达致“中庸”的意味更加浓郁，进取性与创新性也更加强烈。“时”在《孟子》中出现的频率很高，如书中多次出现“不违农时”“无失其时”“勿夺其时”“食之以时”“祭祀以时”“斧斤以时入山”“于时保之”“彼一时，此一时”等字句。孟子深刻地认识到，根据具体情况的不同，

---

①《论语・阳货》
②《论语・微子》
③《论语・子罕》
④《全唐文》卷四〇四
⑤《论语・泰伯》
⑥《论语・卫灵公》
⑦⑧《论语・公冶长》
⑨《论语・宪问》

儒家所建构的各种道德原则和规范会有轻重缓急之分，有时还会产生冲突和矛盾，这时便需要道德主体具体而灵活地进行权衡和选择，如果固执死理，表面上是坚持原则了，实际上则是“举一而废百”的贼道。因此，孟子曰：“权，然后知轻重；度，然后知长短”[①]“执中无权，犹执一也。所恶执一者，为其贼道也，举一而废百也”[②]。“执中用权”在孟子那里就是以“仁义”为根据，将原则性和灵活性结合起来。关于“执中用权”，《孟子·离娄上》篇记载的淳于髡与孟子的一段对话很典型。淳于髡问孟子：“男女授受不亲，礼与？”孟子曰：“礼也。”淳于髡继续问：“嫂溺，则援之以手乎？”孟子回答说：“嫂溺不援，是豺狼也。男女授受不亲，礼也。嫂溺，援之以手者，权也。”从孟子对“嫂溺”的处理方式，可以看出他抓住了礼的实质，在“嫂溺”的危急时刻，孟子把尊重爱护人的生命放到了第一位，而把“男女授受不亲”的礼暂时放到了第二位。孟子认为如果为了抱守“礼”而见死不救，那么这个人表面上是维护了“礼”，实际上却背离了“礼”的实质即“仁义”，那就和禽兽没有区别了。孟子对权变、时中的推崇，还体现在他对孔子的评价中，孟子说：“伯夷，圣之清者也；伊尹，圣之任者也；柳下惠，圣之和者也；孔子，圣之时者也。孔子之谓集大成。”[③]

儒家经典《周易》从生生不息、变化日新的视角看待宇宙、社会、人生，其六十四卦、三百八十四爻代表的就是一个不停变易流转的系列，这正如孔颖达所指出的：“夫‘易’者，变化之总名，改换之殊称，自天地开辟，阴阳运行，寒暑叠来，日月更出，孚萌庶类，亭毒群品，新新不停，生生相续，莫非资变化之力，换代之功。”[④]《周易》变通之理随处可见，如，“一阖一辟谓之变，往来不穷谓之通”“化而裁之谓之变，推而行之谓之通，举而措之天下之民谓之事业”“变而通之以尽利”“通其变，遂成天地之久”等，都是在反复强调主体要通过变通才能实现天人和谐，达致圆满境地。这种变通就是对宇宙人生的一种积极回应，而主体“化而裁之”“举而措之”“变

①《孟子·梁惠王上》
②《孟子·尽心上》
③《孟子·万章下》
④《周易正义·卷首》

而通之”以积极调整自己的行为进行回应的根据就是“时”。《周易》处处以“时”的智慧和视野来关照、理解、回应宇宙、社会、人生。其哲学思想的突出特点之一就是指向未来的开放性和变动性，《周易》认为万事万物都要以一定的“时”为背景才能得以展现，在不同的“时”下，万事万物会据“时”而呈现出不同的情状。六十四卦的卦画就是六十四种“时”的符示，象征着阴阳、刚柔在不同“时”下的交感、应合，即谓“六爻相杂，唯其时物也”①。“时”是不断变化的，作为主体的人应根据不断变化的“时”来调整自己的行为，做出恰当的回应。《周易》“时”的哲学告诫人们：人做任何事都处于既定的“时”之中，对此，人没有选择的自由，逃避也没有出路，人只有明了自己所处的时遇，合理调整自身的行为、对策，勇敢地直面与正确地回应，“时止则止，时行则行，动静不失其时”②，才能有望达到趋吉避凶的目的。《周易》所主张的这种回应方式是一种挺立人的主体性、自主性的回应方式，是一个变被动为主动的过程。在这一过程中，只有那些能丢掉幻想、有智慧、有能力、能洞悉“时”、能牢牢地把握并驾驭好“时”的人才能化险为夷、趋吉避凶，迎来成功的人生，即谓：“知几其神乎……几者，动之微……君子见几而作，不俟终日。”③“上下无常，非为邪也。进退无恒，非离群也。君子进德修业，欲及时也。”④“时”的思想在《周易》中占有非常突出的地位，在一定意义上甚至可以说正是因为《周易》处处凸显出的“时”的精妙智慧，才使其不再是一部单纯地引导人趋吉避凶的卜筮之书，而成为一部富有学术魅力和人生智慧的伟大哲学著作。《周易》的这一特点也为历代易学大师所公认，如易学大家惠栋就曾断论：“易道深矣，一言以蔽之曰：时中。”⑤

总之，“君子之中庸也，君子而时中 ”⑥“通其变使民不倦者，道之中也”⑦，儒家的“中庸”，以客观事物的复杂性、多样性和多变性为基础，强调与“时”俱化，随

①《周易·系辞下传》
②《周易·艮卦第五十二》
③《周易·系辞下传》
④《周易·乾卦第一》
⑤《易汉学·易尚时中说》
⑥《四书集注·中庸》
⑦《徂徕石先生文集》卷十九

“时”而“中”，这正如程颐所说的那样：“时中者，当其可而已，犹冬饮汤、夏饮水而已之谓。”[①]“时中”使儒家思想既有原则性又有灵活性。如果从“时中”的视角来界定“中庸”，那么“中庸”便是一个动词，它本质上表征的是一个过程，是一个积极有为，不断发挥人的主观能动性的过程，它要求主体主动适应、创造性适应客观情况的变化。倘若推行中庸之道而不懂得因时制宜，根据时间、地点和条件的变化而灵活权变，那就只能是一种呆板、僵硬的做法而背离了中庸的主旨。儒家的“时中”方法体现的是一种辩证思维，闪耀着理性认知的光辉。它与道家那种随遇而安式的与时俱化不同，它包含着刚健进取、勇于变革的精神，体现出主体的主动性和创造性，是儒家所倡导的积极向上人生态度的思想根源之一。儒家所奉行的上述思想有利于人与自然、人与人、人与社会、民族与民族间的和睦相处，这些思想是对中华民族生存智慧的高度概括。同时，中庸又通过儒家思想的传播植根于中国人的意识形态之中，调节着中国人的思想和行为，指导着中国人的实践，其普遍和谐的观念，把中华民族塑造得心胸宽广、爱好和平，以中正和谐为理想境界，视天地人为统一整体，追求民族融合，追求国家统一的深具包容和谐精神的民族。包容和谐的精神深深地渗透到中国人的思想深处，内化成一种民族心理，成为我们民族和我们文化的特色，是中华民族的凝聚力所在。

五、儒学对中华民族精神安慰系统的培育

“子在川上，曰：逝者如斯夫！”[②]人生长不过百年，如白驹过隙非常短暂，在生存发展中又常常要遭受生存的艰难，要面临死亡的恐惧，于是，人怎样活才能有意义？怎样死才能有价值？人如何在滚滚红尘中定位自身？如何在现实境遇的逼仄中，开拓出生存之道以葆有那份做人的尊严与高贵，使心灵获得安慰、恬静和坦然？作为有智识的生灵，人类从蒙昧时期便开始以各种方式对这些问题进行探索，不同的地区与民族在各自文明体系的孕育与熏陶下，也做出了各自独具特色的回答，由此形成了

①《河南程氏经说》卷八
②《论语·子罕》

各自民族精神的安慰系统。民族精神的安慰系统，实质上就是民族精神中能够对该民族个体成员产生安顿身心、缓解焦虑作用的精神因素总和，它是民族精神的激励系统、教化系统、协调系统作用于该民族个体成员所产生的心灵支撑效果的表达，它的特色主要由民族文化的特点所决定。中华文明孕育出的中华民族精神的安慰系统，其特色依然要到中华传统文化的主干儒家思想中去寻觅。

(一) 现世今生——安慰系统的出发点

现世今生

儒学是人学，肯定人、重视人是儒家的一贯特色。儒家所重视的这个“人”，是实实在在的现世今生中的“人”。当弟子向孔子询问死后和鬼魂的事情时，孔子的回答是：“未能事人，焉能事鬼……未知生，焉知死？”[①] 儒家先哲所述哲理都围绕着教化人、提升人而展开。

儒家认为人生是有意义的，在由生至死这段有限的生命历程之内，人可以通过自身不懈的努力实现人生价值，既不必希冀死后和来世，也不必仰仗某种救世主的帮助，人生价值就牢牢地掌握在活生生的“人”手中。儒学这种重视人生、人事的理性精神，与宗教对人生的理解形成鲜明对比。例如，基督教神学认为，人类的始祖亚当和夏娃因为偷吃了智慧果而被上帝逐出伊甸园，作为惩罚，他们所犯的罪以“原罪”的形式像遗传病一样被人代代遗传下来，基督教认为这是人天然便有的病态，人类能力有限，既无力认识它，更无力医治它，即人不能通过自己的努力从“罪”中挣脱出来。只有得到源自上帝的恩典，并借助上帝的恩典来获得信心和意志，凭借此来遵守上帝的诫命，这样才可以赎清原罪，在上帝进行末日审判之时，奔往上帝所居的天堂从而获得解脱。再例如，佛教认为，人生就是苦海，生命和生存本身痛苦不堪，人从出生之日起便饱受“生苦”“老苦”“病苦”“死苦”“怨憎会苦”“爱别离苦”

---

① 《论语·先进》

“求不得苦”“五取蕴苦”八种基本的苦难，并由此衍生出更多的苦。佛教展示给人的是苦难悲歌、绝望挣扎的可怕人生图景。人生之苦由十二因缘所造成，只要由善恶果报构造的十二因缘的因果链条不断，人便会陷入永无止境、痛苦不断的生死轮回中。根据不同的业力，人死后的命运可分为六种，分别是地域、鬼、畜生、阿修罗、人和天。虽然人通过今生积善积德的不断努力，可以带来命运的改善，但是即使在六道轮回最清明快乐的“天”道中，也有升降与堕落，仍然不能完全断绝忧患，跳出苦海。佛教认为要完全跳出轮回、脱离苦海，只有认识到诸行无常、诸法无我，按照佛法的指示进行修炼，达致涅槃的境界才能在死后进入西方极乐世界。在依佛法进行修行的过程中，所贯穿的一种人生态度就是：世间万物，一切存在都不是独立永恒的实体，而只是因缘合成的、暂时的、相对的存在，刹那生灭，难以持久。人应该认识到一切皆“空”，因此要破除“我执”和“我见”，放弃积极有为的人生态度，因为积极的追求必然产生各种欲望、愚痴，会不断地造业，最终会跌入无限痛苦的轮回中。这样的人生态度得出的必然是人生不足恋，功名利禄、富贵荣华不足求的结论，佛门因此也叫作空门。总之，基督教和佛教对现实人生都持否定态度，或视人身为罪身，或视人生为苦难，个人必须借助上帝或佛法等超人力量的帮助才可能获得提升。在中国，虽然佛教和基督教也占有一席之地，尤其是佛教较基督教进入中国的时间更早，中国化的程度更深，已经变成了中国佛教，因而对中国民众的影响也更大，但是，从总体来看，居于中华传统文化主干地位的始终是儒学，是儒家思想塑造了中华民族的主流思想，儒家重现世、重今生的观念是中国人思想的常态。

现世今生的努力方向：德与业

儒家在现世今生中为人生规划的奋斗路向可以概括为德与业两个方面。

“德”的努力方向，表现为孜孜追求于道德的完善，这一追求来源于儒家仁德至上的理念。在儒家的视野中，懂不懂仁义道德是人与禽兽的界限，仁义道德践履程度的高低是君子与小人的分水岭，探索塑造理想人格的有效方式，是儒学主要的学术旨趣。既然如此，儒学必然会把提升道德修养作为人生的奋斗目标。儒家虽然承认人生在世确实会有很多遗憾，确实存在许多不尽如人意的地方，比如生死和富贵，但是在人生中还有比生死和富贵更有价值的事情，那就是成为一个有道德的人。道德的最高境界就是“仁”，而“仁”的实现在儒学的视野中完全取决于个人努力，与外在的限制无关，这就是孔子所说的“为仁由己”[①]“我欲仁，斯仁至矣”[②]。孟子和荀子为完善人的道德，规划了更为详尽的道路：孟子虽然认为“善端”是有天赋的，但他同时认为要想把善端变为现实的善性则取决于后天努力。孟子提出的养心、尽心、存夜气等修养身心的手段完全依靠个人的自觉，并不需要借助超人的力量。孟子认为通过道德修养，走尽心、知性、知天的路线，那么人人便皆可为尧舜。与孟子不同，荀子主性恶，这一理论较之孟子的性善论，对人的主体能动性更为重视。荀子同样将实现仁德作为道德修养的最高目标，指出仁德的实现并非自然而然，而是需要人进行艰苦卓绝的努力，抑制人性向恶发展的趋势，这个努力主要是通过后天认真学习“礼”来实现。荀子认为，通过学习“礼”，自觉地以“礼”来规制人的思想和行为，并多与善人、善事接触，借助后天良好道德环境的熏陶，便可以成为君子、圣人，即“涂之人可以为禹”[③]。可见，儒家赋予了生命一条道德意义上的超拔之路，在这条路上主动权完全掌握在人手中，人的道德越完善，则其“成人”的程度便越彻底，生命也越纯粹，越有价值。

“业”的努力方向，表现为要建功立业，为群体做贡献。这一追求来源于儒家群体本位的理念。在儒家的视野中，人不是孤零零的个体，而是社会关系中的人，人有社会角色在身，不同的社会角色具有不同的责任和义务，人首先应该认清自己的角色，而后踏踏实实地履行角色所要求的责任和义务，完成人生使命。人一出生，首先接触的是家庭关系，在家庭中讲究父慈子孝、兄友弟恭、夫妇和顺；随着个人活动范围的扩大，还会与家庭之外的其他人发生关系，朋友之间讲究朋友有信；

---

① 《论语・颜渊》
② 《论语・述而》
③ 《荀子・性恶》

君臣之间讲究君敬臣忠；与社会上其他人的交往应该秉持“己欲立而立人，己欲达而达人”①“己所不欲，勿施于人”② 的“忠恕”之道。为群体做贡献除了要踏踏实实地履行自身的社会角色所肩负的责任和义务以外，还应该具备推己及人、及物，惠及群体、建功立业、心忧天下、兼济入世的历史使命感和情怀。儒家本身就是一个有着强烈历史使命感和社会参与意识的学派，对于社会政治生活，儒家从来就不是一个旁观者。面对春秋战国时期礼崩乐坏的社会混乱局面，儒家痛心疾首，认为自己作为社会成员不应袖手旁观。为实现以“仁道”为社会纠偏的宏图大志，孔子四处奔走，游说列国，虽然屡遭困厄，到处碰壁，但从未放弃努力。直接努力不奏效，孔子便转而收徒讲学，诲人不倦，希图通过扩大学说影响来改善社会局面。《论语·泰伯》讲：“士不可以不弘毅，任重而道远。仁以为己任，不亦重乎？死而后已，不亦远乎？”“仁以为己任，死而后已”正是以孔子为代表的儒家使命人生的真实写照。修身、齐家、治国、平天下，学以致用、积极入世是儒家矢志不渝的人生追求。

总之，儒家重视现世人生，讲道德、讲责任、讲有为，反对饱食终日、无所用心。儒家看重的是生命的社会价值，是生命历程中的奋斗，它鼓舞人们要以积极、乐观的态度对待人生，人生应该充满理想和追求，在生命这一有限的时间内，在现实的空间中，人应该尽量多做对群体有意义的事情，进德修业，死而后已，这就是儒家视野中生命的意义。当然，在进德修业实现人生价值的过程中，不可能一帆风顺，不可避免地要遭受困难和挫折。面对困难与挫折，儒家总是以辩证的眼光去看待，将其看作成就大事业的必备条件，正所谓“天将降大任于是人也，必先苦其心志，劳其筋骨，饿其体肤，空乏其身，行拂乱其所为，所以动心忍性，曾益其所不能”③；对于在进德修业的过程中所遭遇的困难与挫折，儒家总是抱着尽人事、听天命、尽力而为的态度去应对，并能苦中作乐，孔子认为“饭疏食饮水，曲肱而枕之，乐亦在其中矣”④，赞

① 《论语·雍也》
② 《论语·颜渊》
③ 《孟子·告子下》
④ 《论语·述而》

赏的是“一箪食，一瓢饮，在陋巷，人不堪其忧，回也不改其乐”① 的境界。孟子认为做仁道所要求的应该做的事，“仰不愧于天，俯不怍于人”②，尽心尽力、问心无愧是人生一大乐。

(二)死而不朽——安慰系统的落实

儒家的思想都集中在人生、人事之中，而将死后的事情悬置，儒家对“死”的态度是“未知生，焉知死”；对待鬼神的态度是“未能事人，焉能事鬼”“敬鬼神而远之”。总之，对于死后等带有神秘色彩的问题，儒家基本秉持的是“欲知死人有知将无知也，死后自知之”的顺其自然的态度。儒家的意图是引导人们将目光和精力集中于人生历程内的奋斗，儒家的人生是进德修业、乐以忘忧、死而后已、忙碌而充实的人生，正如孔子所说：“发愤忘食，乐以忘忧，不知老之将至云尔。”③ 人生被巨大的历史使命充实着，直到生命最后一息都在进行着积极的人生实践，根本就没有闲暇再去考虑关于“死”的问题。人生如此繁忙，以至于“死”在某种意义上竟成了难得的休息。这样一来，死亡的恐惧便被冲淡了很多。

儒家很少谈论“死”，但并不是不敢直面“死”。儒家承认死的必然性和实在性，如孔子说：“众生必死，死必归土。”④ 荀子说：“死，人之终也。”⑤ 儒家也追求死而不朽，但这种不朽不需要进入天堂或者极乐世界来实现，而是在现世今生中依靠自身的力量便可以完成。儒家认为，在有生之年为了弘扬仁道而奋斗不已的结果体现在个人身上，就是死而不朽，对人生价值的最高评价也就是其可以死而不朽。

对于“不朽”的追求，其实是人类的心理本能，它是人类在畏死心理的驱使下，为化解死亡恐惧而在意识活动中给自己建立的心理安慰。早在受到比较系统成形的文化熏陶之前，人类已经找到了满足自己追求不朽愿望的朴素的、原始的方式，那就是

---

①《论语·雍也》
②《孟子·尽心上》
③《论语·述而》
④《礼记·祭义》
⑤《荀子·礼论》

鬼魂观念的确立。对于鬼魂观念的产生，恩格斯曾经指出："在远古时代，人们还完全不知道自己身体的构造，并且受梦中景象的影响，于是就产生一种观念：他们的思维和感觉不是他们身体的活动，而是一种独特的、寓于这个身体之中而在人死亡时就离开身体的灵魂的活动，从这个时候起，人们不得不思考这种灵魂对外部世界的关系。如果灵魂在人死时离开肉体而继续活着，那就没有理由去设想它本身还会死亡，这样就产生了灵魂不死的观念。"① 在中国人的鬼魂观念里，鬼魂的世界几乎就是人世的翻版，死去的人在阴间继续着类似活人的生活，仍然有饮食、服饰、房屋、男女、读书、娱乐等欲求，并且仍然像活着时一样关心自己家族、子孙的前途和命运，还可以和活着的人发生心电感应，甚至可以完成自己生前的遗愿，比如报仇或报恩等。因此，活着的人应该对死去的亲人认真地奉行祭拜的义务，当然也可以祈求死去的先人福佑自己。这样一种以人世生活来理解死后世界的方式，在一定程度上破除了死的神秘性。而且由于人死后仍然可以继续生前的生活，仍然有机会去实现生前未能实现的愿望，这也在一定程度上缓解了死亡带来的恐惧和哀痛。但是，中国人几乎没有对死后世界进行美化，活着时什么样，死了后仍然什么样。从中国人对死后世界的理解可以看出中国人对于现世生活的重视。

儒家死而不朽的思想就是在这样一个鬼魂与祭祀情结浓重的背景下产生的，它既没有完全继承传统，也没有完全背弃传统，而是围绕自己学派弘扬仁道的宗旨，对传统观念进行改造，提出了新的对"不朽"的解读方式，即理性的、文化的解读方式。这种方式既淡化了其中的迷信色彩，又符合中国人的心理特征，易于为中国人所接受。具体而言，儒家"死而不朽"的思想主要体现为以下两个方面：

传宗接代——肉体不朽的寄托

儒家十分重视血缘亲情，儒家的最高价值"仁"，作为一种"爱"即"仁爱"，其发源处便是血亲之"爱"。儒家认为父母子女之情最天然、最真诚，也最持久，以父

①《马克思恩格斯选集》(第四卷)，北京：人民出版社，2012年，第229－230页。

母子女之爱为爱的圆心，在同情心和同理心的支配下层层外推，扩展到对其他人的爱，这样便可以使人际关系乃至整个社会达致和谐状态。因此，儒家特别看重孝、悌的价值。

儒家认为“孝”除了要在父母有生之年给父母以物质上供养、精神上尊重之外，还有两个方面的表现：其一，就是要继承父辈的遗志，即谓“父在，观其志；父没，观其行；三年无改于父之道，可谓孝矣”①。在中国古代，子承父业一直被世人所认可和称赞。其二，就是要对死去的父辈乃至更远的祖先虔诚地祭祀，即“生，事之以礼；死，葬之以礼，祭之以礼”②。儒家所主张的祭祀从形式上来看，与原始时期流传下来的祭祀相似，但是实质内容却大不相同，向祖先祈求消灾祈福的色彩弱化，而哀悼和敬重的色彩增强，“祭思敬，丧思哀，其可已矣”③，通过祭祀表达的是活着的人并没有忘记父辈和祖先这样一种感情。“孝”这两方面的含义，从“死而不朽”这个层面进行考量意义重大。一方面，一个人有生之年未能完成的使命将由他的子孙替他完成，这就好像他自己还活在世上一样，面临死亡威胁的人想到这一点时可以得到较大的安慰。就像《愚公移山》的神话中所记载的那样，当智叟嘲笑愚公因年龄大而根本不可能完成移山的任务时，愚公却自信而坦然地回答说：“子又生孙，孙又生子；子又有子，子又有孙；子子孙孙无穷匮也，而山不加增，何苦而不平？”另一方面，一个人死后，在重大的节日以及和他有关的日子里，他的子孙还会对他进行虔诚的祭祀，像他活着时一样受到家人的尊敬，感受到死亡威胁的人想到这一点也会得到很大的安慰。孝子不仅对父母要赡养，要敬重，要祭祀，而且对自己也要格外珍重，因为按照儒家孝道原则，孝子应该自觉地视自己的身体为父母所遗之体，“身体发肤，受之父母，不敢毁伤，孝之始也”④。可见，在父辈眼中，子孙承载着自己的希望；在子孙眼中，也以继承父辈的遗志为己任，对父辈的敬重与怀念贯穿父辈的生前身后。在此意义上，子女就是父母生命的延续，父辈的生命在一代代的子孙身上得以不朽。因

---

①《论语・学而》
②《论语・为政》
③《论语・子张》
④《孝经・开宗明义章》

此古代中国人十分重视生儿育女、传宗接代，这几乎是古代婚姻的主要目的。孟子所讲的“不孝有三，无后为大”① 指的就是这层意思，如果没有子孙，则父辈的生命不能延续下去，并且将来也无人祭祀，将逐渐被世人冷落和遗忘，这在古代中国被视为大不孝。

中华民族在儒家上述思想的熏陶下，通过传宗接代的方式来寻找永恒，出发点仍然是现世今生。生儿育女的任务，当然只能在活着的时候完成；想让儿女为自己尽孝，也要在活着时对子女尽到教养的义务，才能培育出孝子；在人生历程中，遇到艰难险阻，想要放弃奋斗拼搏乃至生存的念头时，看看自己的子女便有可能重新获得希望。中国人尤其是古代中国人就是这样，通过传宗接代、血脉相传、家族延续，在子孙身上获得了肉体不朽的感觉。

立德、立功、立言——精神不朽的实现

个体虽然可以通过繁衍后代、血脉相传获得肉体不朽的心理感觉，但在儒家视野中，这只是一种低层次的不朽，充其量只能被一家一族所记住，更高层次的不朽则是按照仁道的原则立身行事、建功立业、著书立说，这样获得的名声将名垂青史，被千秋万代所景仰。肉体虽然消灭了，但精神永垂不朽，即谓：“‘大上有立德，其次有立功，其次有立言’，虽久不废，此之谓不朽。”②

所谓“立德”，即自觉以仁德要求自己，成为道德上的楷模，后世会因慕其德而仰其人。“立德”既可以落实到大事上，也可以落实到小事上，在自身修养中，在为人处世上，处处可以为“立德”做积累，即谓“仁通上下”“仁或是一事仁，或是一处仁。仁者如水，有一杯水，有一溪水，有一江水。圣便是大海水”③。在“立德”这个问题上，有可能面临一种极端的考验，那就是生死与道义发生矛盾。面对这种情况，儒家主张从道德以及群体的利益出发，毅然决然地选择赴死。而对个人而言，这样慨

① 《孟子·离娄上》
② 《左传·襄公二十四年》
③ 《朱子语类》卷三十三

然赴死的回报，就是留下一个有“德”的名声，永远被人铭记，从而获得精神不朽的安慰。例如，伯夷、叔齐为了维护商朝，以绝食抗议周朝，最后饿死在首阳山上，以死捍卫了自己的气节，获得了不朽的名声。《论语》曾四次赞扬伯夷和叔齐，称赞他们“不念旧恶”①“不降其志，不辱其身”②，是“古之贤人也”③“民到于今称之”④。汉初经学家韩婴对这种精神从现象、根源与影响等方面进行了评述，他说：“王子比干杀身以成其忠，尾生杀身以成其信，伯夷叔齐杀身以成其廉。此四子者，皆天下之通士也，岂不爱其身哉？为夫义之不立，名之不显，则士耻之，故杀身以遂其行。由是观之，卑贱贫穷，非士之耻者……三者存乎身，名传于世，与日月并而不息，天不能杀，地不能生，当桀纣之世，不之能污也。”⑤ 总之，儒家从伦理道德的角度来讨论生与死的问题，用道德规范来衡量生与死的意义和价值，认为为了立德，成全名节，人们可以慷慨赴死，并且可以由此而死而不朽。这样一种价值取向鼓舞着中华民族的一代代志士仁人，舍己为人、舍己为国，为道义毫不犹豫地奉献出自己宝贵的生命。

所谓“立功”，就是要建功立业，在有生之年成就一番丰功伟绩。儒者都有强烈的政治抱负，希望学以致用，学而优则仕，以获得施展才华的机会。儒家认为通过建功立业，肉体虽然消亡了，但所做出的业绩却可惠及后世，为后世所铭记，这也便成就了不朽。儒家对建立一番功业者赞赏有加。例如，对于辅佐齐桓公成就霸业的管仲，孔子评价说“管仲相桓公，霸诸侯，一匡天下，民到于今受其赐。微管仲，吾其被发左衽矣。岂若匹夫匹妇之为谅也，自经于沟渎而莫之知也”⑥，荀子也称赞管仲是“功臣”。百家争鸣时期，儒家先哲为宣传自己的学说，不辞劳苦，四处奔走，其动力来源之一就是要建功立业的一番雄心壮志。

所谓“立言”，即著书立书，以自己的思想影响后世，这也是实现不朽的一种方

---

①《论语·公冶长》
②《论语·微子》
③《论语·述而》
④《论语·季氏》
⑤《韩诗外传集释》
⑥《论语·宪问》

式。在这一方面，表现得最为典型的一个历史人物就是司马迁。司马迁本来像当时的其他读书人一样胸怀建功立业的宏图大志，他希望自己“能纳忠效信，有奇策材力之誉，自结明主……能拾遗补阙，招贤进能，显岩穴之士……能备行伍，攻城野战，有斩将搴旗之功……能累日积劳，取尊官厚禄，以为宗族交游光宠”①，为此，他“绝宾客之知，忘室家之业，日夜思竭其不肖之材力，务壹心营职，以求亲媚于主上”②。但是司马迁的梦想因为李陵之祸而毁于一旦，遭受宫刑的他从肉体到人格都受到了极大的伤害和羞辱，他说：“仆以口语遇遭此祸，重为乡党戮笑，污辱先人，亦何面目复上父母之丘墓乎？虽累百世，垢弥甚耳！是以肠一日而九回，居则忽忽若有所亡，出则不知所如往。每念斯耻，汗未尝不发背沾衣也。”③在封建社会中，司马迁的境遇使他丧失了传统意义上建功立业的基本条件，但是他追求死而不朽的愿望却始终没有泯灭，他以“昔西伯拘羑里，演周易；孔子厄陈蔡，作春秋；屈原放逐，著离骚；左丘失明，厥有国语；孙子膑脚，而论兵法；不韦迁蜀，世传吕览；韩非囚秦，说难、孤愤；诗三百篇，大抵贤圣发愤之所为作也。此人皆意有所郁结，不得通其道也，故述往事，思来者”④来激励自己，立功不成，便以立言成其不朽，以坚忍的毅力完成了《史记》。可以说，司马迁以自身的伟大实践，为世人追求不朽树立了光辉的典范。

总之，儒家所追求的“不朽”不需要进入天堂，成佛成仙来实现，而是在现实世界中便可以完成：肉体的不朽通过繁衍后代、家丁兴旺即可实现，精神的不朽则可通过立德、立功、立言，为社会做出贡献，成就一番事业，青史留名来实现。这是一种立足现实、积极进取的不朽观。基于这样的不朽观，儒家比任何学派都更强烈地表现出视死如归的勇气，当生死与道义发生冲突时，儒家选择的是以身殉道，没有丝毫的犹豫与彷徨。儒家不惧“死”，惧的是“君子疾没世而名不称焉”⑤；儒家也不忧“死”，忧的是“舜人也；我亦人也。舜为法于天下，可传于后世。我由未免为乡人

①②③《汉书·司马迁传第三十二》
④《史记·太史公自序第七十》
⑤《论语·卫灵公》

也，是则可忧也”①，即能不能像舜一样扬名于后世。“立德、立功、立言”三不朽的人生境界都有这样一个共同点，那就是以“名”来求不朽。一个人的死后之“名”实际上是对此人生前所做之事的总结概括，是此人的精神象征。在儒家的视野中，能否青史留名，决定了生存价值的高低，而要获得“立德、立功、立言”之名都需要踏踏实实地立足于现世今生中的努力。可见，儒家的“死而不朽”具有强烈的此岸性，这个命题看似关注的是死后，实际上目光投向的仍然是生前，这与一般宗教对人的终极关怀是有着天壤之别的。

综上所述，儒家集中精力探讨“生”的问题，倡导的是积极入世、奋发有为的生活态度，牢牢地将人生价值的实现定位到了现世今生之中，而将“死”的问题悬置，即使谈论“死”，也是立足于“生”去谈论。儒家从不希求死后和来世的幸福，从不仰仗救世主的帮助。儒家认为人生价值就在于自觉的道德追求、崇高的人格理想、热忱的救世情怀和坚定的生活信念，而这些都牢牢地掌握在活生生的“人”手中。儒家为人规划的这种人生被道德提升和为群体建功立业的巨大历史使命所充实。在儒家的视野中，个人所遭受的苦难与生死同群体的价值、仁道的弘扬相比，太微不足道了，困难不过是建功立业的必备条件，死亡不过是人履行了做人的责任与道义之后的休息，如果生死与道义发生矛盾，儒家的选择是慨然赴死。儒家认为在有生之年为了弘扬仁道而奋斗不已的结果，体现在个人身上，就是死而不朽，对一个人价值的最高评价也就是其可以死而不朽。儒家就是这样把个体的价值放到群体中，放到历史的洪流中去考察，看重的是个体对群体的贡献，看重的是个体行为对当代和后世的影响，而不是一己之得失，并以此来克服生存的焦虑和死亡的恐惧，在现实的社会人生中为人寻求到了安身立命之地，这构成了中华民族精神安慰系统的内核。儒家这种死而不朽的生死观，有助于人们树立正确的生活目标，引导人们尽力将自己短暂的人生过得充实而有意义，以争取多给世人留下些值得怀想的、有价值的东西。这种精神信念有利于人生，有利于社会，一直在支撑着我们中华民族，给予我们民族活在

① 《孟子·离娄下》

当时当世的意义。其不慕玄虚、面向现实的积极的理念也为培育中华民族理性务实的精神做出了重大贡献。总而言之，“儒家从群体共存的立场出发，放弃了对个体不死和死后世界的探求，以建构现实的群体生活秩序为目标，将个人生命的超越落实到对群体生活理想的追求中，从而建立起一种极度世俗化却又充满理想主义色彩的主流文化”[①]。

① 袁阳：《生死事大——生死智慧与中国文化》，北京：东方出版社，1996年，第6页。

第二编

中华优秀传统文化与新时代社会发展

第一章
中华优秀传统文化与道德教育

重视道德是中华优秀传统文化的重要特色。中华优秀传统文化之所以会显现出重视道德的色彩，一方面是因为农耕文明及其所造就的熟人社会为注重道德的价值取向奠定了经济基础和社会基础，另一方面则主要应归功于儒家思想，是儒学关于道德的见解进一步滋养和强化了这种价值取向。儒学是一个以道德为指归的学派，孔子对夏商周三代的礼乐文化进行了整理、重释，把其中所蕴含的道德因素突显出来，建构了儒家学派。儒学的道德体系堪称完备，从个体修养到社会秩序，从普通百姓到帝王将相，可谓无所不包。在本书第一编第四章的“儒学对中华民族精神教化系统的培育”中谈到了道德教化的根基和仁、义、礼为主导的道德教化内容，在“儒学对中华民族精神协调系统的培育”中谈到了处理人际关系的基本道德规范。本章不再赘述上述内容，仅结合儒学对道德修养意义的认识以及对道德教化方式的建构，来谈谈中华优秀传统文化对新时代道德教育的启示。

一、儒学对道德的意义以及道德修养目标的认识

在儒学的视野中，道德是人与禽兽的根本区别，道德修养是成就其他一切事业的根基。持之以恒地以仁、义、礼来修身，其结果在个体身上的显现，便是理想道德人格的实现。

(一) 视“道德”为人与禽兽的根本区别

在孔子看来，一个人“如有周公之才之美，使骄且吝，其余不足观也已”[①]。孔子

---

① 《论语·泰伯》

认为，一个人即使有周公那样美好的才华，但是如果品性不好，那也不值一提了。孟子发出了“人之所以异于禽兽者几希”[①] 的追问，其言外之意表明孟子认为人和禽兽之间的区别并不大，仅“几希”，即一点点而已，这一点点区别就在于人有没有道德观念，所以孟子说：“君子所以异于人者，以其存心也。君子以仁存心，以礼存心。”[②]即孟子认为，君子与普通人的区别就在于能否以“仁”和“礼”作为自己价值观念的主导。荀子则更为明确地将仁义道德视为人之高贵性之所在，荀子说：“水火有气而无生，草木有生而无知，禽兽有知而无义，人有气、有生、有知，亦且有义，故最为天下贵也。”[③] 在荀子看来，水火有气却没有生命，草木有生命却没有知觉，禽兽有知觉却没有道德观念。人是天下最尊贵的存在，人和禽兽相比，其高贵之处就在于人有“义”，即人懂得用道德来约束自己的行为，知道自己该干什么、不该干什么。

孔、孟、荀之后，后世儒学虽几经变化，流派众多，但是把成就道德人格作为人生最高追求却是儒者共同的思维旨趣。如朱熹曰：“学者须是求仁。”[④] “圣人亦只教人求仁。”[⑤]陈淳说：“孔门教人，求仁为大。只专言仁，以仁含万善，能仁则万善在其中矣。”[⑥] 明代罗汝芳也曾说：“孔门宗旨只在求仁。”[⑦] 而“仁”在儒学的思想体系中，即是道德的另外一个称谓。将道德视为人之为人的本质，这是儒家在伦理道德意义上将人对象化，从价值分析而非实证分析的角度得出的结论。基于此，在儒学的视野中，无论是评价人事、家事还是国事，其标准都是看其是否符合道德；无论是择偶、择友还是择官，道德都是被优先考虑的因素。

（二）视“修身”为成就外在事功的先决条件

儒学崇尚道德还表现在，儒学把内在的道德人格修养看作是成就外在事功的出

---

①②《孟子·离娄下》
③《荀子·王制》
④⑤《朱子语类》卷六
⑥《北溪字义·仁义礼智信》
⑦《近溪子明道录》卷七

发点和先决条件，将修身与齐家、治国、平天下相联系，讲究由“内圣”开出“外王”。关于这一点，在《大学》中有明确清晰的阐述。《大学》曰：“物有本末，事有终始。知所先后，则近道矣。”即事物都有它的根本和末梢，事情都有开端和结尾，在对待事物、处理问题的时候，应该知道孰先孰后、孰本孰末，抓住根本，这样就离道不远了。那么，对于成就一番事业来说，什么是根本呢？对此，《大学》解释说：“古之欲明明德于天下者，先治其国；欲治其国者，先齐其家；欲齐其家者，先修其身……身修而后家齐，家齐而后国治，国治而后天下平。自天子以至于庶人，壹是皆以修身为本。”① 很显然，《大学》把修身看作为齐家、治国、平天下的根本，儒家认为如果仅仅追求外在事功，而忽视内在的修身，是不会有好结果的，这就是《大学》所说的：“其本乱而末治者，否矣。其所厚者薄，而其所薄者厚，未之有也。”而且退一步说，在儒学的价值体系中，在道德修养方面取得的成就，其本身就是一种难能可贵的成功，亦根本不逊色于家庭、事业、财富等外在成功。例如，《左传》在论证何谓“不朽”时，便讲道：“‘太上有立德，其次有立功，其次有立言’，虽久不废，此之谓不朽。”② 可见，在《左传》的视野中，“虽久不废”，即过了很长时间也没有被人忘记就是不朽，而在追求不朽的道路上，“立德”被放在了首位。

综上所述，儒学极力推崇道德。因儒学在中华传统文化中的主干地位，这种价值取向也进而成为中华传统文化的主流价值取向。正因为对道德的推崇，中华传统文化也因此被世人称为伦理型的文化。

（三）追求理想人格的实现

持之以恒地以仁、义、礼来修身，其结果显现在个体身上，便是理想的道德人格的实现。理想人格是儒家为已经达到做“人”基本标准的“人”在人格上所做的更高设计，用以表征一个人的“人化”程度以及道德人品所达到的高度。儒家旨在通过理

① 《大学》
② 《左传·襄公二十四年》

想人格的设计来激励人、鼓舞人，使人在以仁、义、礼的“修身”道路上永不止步，不断提高自身的人格境界。儒家关于理想人格的说法有很多种，如圣人、君子、仁人、志士、贤人、大丈夫、士等。其中，从使用频率和历史影响来看，君子、大丈夫、圣人相对来说更具有典型性。

“君子”本是对有一定社会地位的人的称谓，如孔颖达将《诗经·大东》中的一句诗“君子所履，小人所视”解释为“此言君子、小人，在位与民庶相对。君子则引其道，小人则供其役”①。在儒学典籍中，以社会地位来区分君子和小人虽然一直被沿用，但是，在绝大多数场合，儒学是以人格修养的高下作为标准来区分君子和小人的，“君子”一般指品德高尚、举止得体、才华横溢的人。例如，孔子曰：“质胜文则野，文胜质则史。文质彬彬，然后君子。”②“文质彬彬”可谓中华文化传统中君子的典型形象。在孔子这段表述中，君子人格由文、质两方面构成，“质”主要指“仁义”，以及由仁义衍生出来的其他美德，如勇、直、信、宽、敏、惠等；“文”则指文化修养和优雅的风度仪容，“古之所谓文者，乃诗书礼乐之文，升降进退之容，弦歌雅诵之声”③。“文”与“质”在君子养成中缺一不可，当然，“质”作为成就理想人格的前提和基础，更为根本。“君子”是儒家人格修养中较为现实的一格，通过在仁、义、礼方面努力提升自身即能达到。正因为如此，在诸种理想人格中，相对而言儒家对君子人格更重视，论述得也更为充分。

“大丈夫”亦是被中国人经常提及的一种理想人格，其对中国人的精神世界产生了深远影响。最早对“大丈夫”人格进行论证的是孟子，孟子曰：“居天下之广居，立天下之正位，行天下之大道，得志与民由之，不得志独行其道，富贵不能淫，贫贱不能移，威武不能屈，此之谓大丈夫。”④ 一般认为，“居天下之广居，立天下之正位”，指的是坚守“仁”的道德原则；“行天下之大道”，指的是按照义的要求去做事。在孟子看来，以“仁”为根本原则，按照“义”的指引去为人处世，有气节、有操守、

①《毛诗正义·卷十三之一》
②《论语·雍也》
③《司马温公文集·答孔文仲司户书》
④《孟子·滕文公下》

有毅力的人就可以被称为“大丈夫”。孟子讲：“居仁由义，大人之事备矣。”① 在按照仁义行事的过程中，有一点特别重要，那就是态度要端正。孟子曰：“舜明于庶务，察于人伦，由仁义行，非行仁义也。”② 这段话中的“由仁义行”是指把践行“仁义”当作目的，“行仁义”则是指把践行“仁义”当作手段。“由仁义行”是一种高度自觉的道德行为，这时的“居仁由义”不是出于功利目的或迫于外在压力，而完全是道德主体自觉自愿的选择，以至于达到了习惯成自然的境界。对那些放弃“居仁由义”的行为，孟子斥之为“自暴自弃”，孟子曰：“自暴者，不可与有言也。自弃者，不可与有为也。言非礼义，谓之自暴也。吾身不能居仁由义，谓之自弃也。”③ 在孟子看来，通过“居仁由义”长期努力，一点一滴积累便可以养成“浩然之气”。关于“浩然之气”，孟子解释说：“其为气也，至大至刚，以直养而无害，则塞于天地之间。其为气也，配义与道；无是，馁也。是集义所生者，非义袭而取之也。行有不慊于心，则馁矣。”④ 在孟子看来，浩然之气至大至刚，要用正直去培养它，一点都不能伤害它；在养成浩然之气的过程中，需要用“义”与“道”相配合，否则就不会有力量；浩然之气需要日积月累，一点点地积“义”才能够养成，只要做一件于心有愧的事，浩然之气便会丧失。这就是“大丈夫”人格所应具备的“浩然之气”的养成过程。

“圣人”是“居仁由义行礼”之最彻底者，是儒家人格修养中的最高一格。因其境界极高，后人虽尊称孔子为“圣人”，但孔子本人却从不以“圣人”自居，并且在孔子的视野中，除尧、舜、周公等少数圣王先人可以被称之为“圣人”之外，其同时代的人尚无一人能担当起这一盛名，即谓：“圣人，吾不得而见之矣；得见君子者，斯可矣。”⑤ 与孔子相比，孟子“人皆可以为尧舜”⑥、荀子“涂之人可以为禹”⑦ 的观

---

①《孟子·尽心上》
②《孟子·离娄下》
③《孟子·离娄上》
④《孟子·公孙丑上》
⑤《论语·述而》
⑥《孟子·告子下》
⑦《荀子·性恶》

点，看似大大拉近了凡人和圣人之间的距离，但这只是单纯从理论上推出的可能性，而从实际来考察，由于“圣人”是“出于其类，拔乎其萃”[①]的全知全能者，代表着“人伦之至”[②]“道之极”[③]，是“百世之师”[④]，所以实际上，在孟子、荀子的视野中，“圣人”仍是一种高不可攀的境界。而给人格修养设立这样一种高不可攀的境界，正是儒家的用意所在。儒家设置“圣人”这一人格看中的并不是其“现实性”，人格修养的现实性完全可以在君子、大丈夫等这些较低一级的人格层次上实现，儒家更多的是将“圣人”作为一面旗帜，看中的是其道德感召力，有了这面旗帜，就可以激励人在道德修养的路上走得更远。

总而言之，关于人格修养的内容和目标，儒学的总体看法是：通过对“仁”“义”“礼”的体认和践行，人可以不断地提高自身的人格境界，从物欲中超拔出来，便有望成就“君子”“大丈夫”“圣人”等理想人格。这种价值取向将中华民族塑造成注重道德价值、注重追求精神满足的民族，在中国的历史进程中产生了积极影响。

二、中国古代家训、俗训所建构的道德教化方式对现代德育的启迪

中国古代家训、俗训是中华优秀传统文化颇具特色的重要组成部分，有着悠久的历史。家训、俗训是儒家思想的民间版本，是精英文化与民间文化相结合的产物，是儒家道德教化思想生动、形象、具体的表达，是儒家伦理道德理念走下圣坛、走入民间的桥梁。在众多家训、俗训之中，《袁氏世范》是最具代表性的典籍之一。它成书于宋朝淳熙戊戌年（1178），作者是隆兴元年进士、乐清县令袁采。该书原名《训俗》，刘振在为其写序时，认为“是书也，岂唯可以施之乐清，达诸四海可也；岂为可以行之一时，垂诸后世可也”[⑤]，因而更改书名为《世范》。《四库全书》在《提要》中，

---

① 《孟子·公孙丑上》
② 《孟子·离娄上》
③ 《荀子·礼论》
④ 《孟子·尽心下》
⑤ 袁采：《袁氏世范》，天津：天津古籍出版社，2016 年，第 181 页。

将其与有“古今家训之祖”称谓的《颜氏家训》相提并论，称之为“《颜氏家训》之亚”①。相较于《颜氏家训》的贵族化、文学化以及学以致仕的色彩，《袁氏世范》的适用对象更广泛，语言更平实，道理更切近社会人生，体现出更多平民化的特点。以下即以《袁氏世范》为例，揭示中华优秀传统文化所建构的道德教化方式对现代德育的启迪。

（一）直面矛盾冲突的教化思路

孝悌之道是中华传统道德的核心，《论语》有“孝弟也者，其为仁之本与”② 的理念，民间亦认可“百善孝为先”的说法。以“厚人伦而美习俗”③ 为目的的《袁氏世范》，毫无疑问将劝导人们践行孝悌之道作为全书的核心内容，开篇即为《睦亲》。但是，在教化思路方面却与众不同。

《袁氏世范》不是一味地从“行为规范”的角度告诉人们怎样做才算达到了孝悌之道的要求，而是从人性与心理入手，直面家庭矛盾，分析造成父子兄弟失和的原因，以及阻碍人践行孝悌之道的症结，从而使得道德教化更能引发人们的情感认同，更有说服力。

例如，在分析造成亲人之间失和的原因时，《袁氏世范》首先从家庭成员的性格差异阐发开来：“盖人之性，或宽缓，或褊急，或刚暴，或柔懦，或严重，或轻薄，或持检，或放纵，或喜闲静，或喜纷拏，或所见者小，或所见者大，所禀自是不同。”④ 人和人之间存在性格和处世方式的差异，即使在同一个家庭内部也不例外，况且“临事之际，一以为是，一以为非，一以为当先，一以为当后，一以为宜急，一以为宜缓，其不齐如此”⑤。父子兄弟之间如果不能理解这一点，而强求对方一定和自己一样，必然会产生争执，“争论不胜，至于再三，至于十数，则不和之情自兹而启，或至于终

① ［清］永瑢等：《四库全书总目》（卷 92），北京：中华书局，1965 年，第 780 页。
② 杨伯峻译注：《论语 · 学而》，北京：中华书局，1980 年，第 80 页。
③ 袁采：《袁氏世范》，天津：天津古籍出版社，2016 年，第 181 页。
④⑤ 同上，第 5 页。

身失欢"[①]。因而,《袁氏世范》劝导人们,"性不可以强合"。在日常生活中,人与人之间性格与处事方式存在差异,这是人人皆可接受和理解的普遍状况,但在家庭内部,在血缘纽带的遮蔽下,人们在处理与亲人之间关系的时候却往往容易忽视这一点,往往会强求对方和自己想法一致,从而导致关系失和。鉴于此,《袁氏世范》从个性差异这个角度入手来论及父子兄弟之间的分歧,既有说服力,又能起到点醒众人的作用,有助于奠定亲人之间彼此宽容的心理基础。

进而,《袁氏世范》再从人生遗憾入手进一步分析造成亲人失和的原因,讲道:"自古人伦,贤否相杂。或父子不能皆贤,或兄弟不能皆令,或夫流荡,或妻悍暴,少有一家之中无此患者。"[②] 在这段话中,《袁氏世范》承认了不同的人在人品素质方面确实有优劣之分,一个家庭内部很可能有个别成员品质顽劣,不好相处。但是,我们没有办法选择自己的亲人,这对人生来说是无可奈何的事情,即使圣贤也无法杜绝这种情况发生,即谓:"虽圣贤亦无如之何,譬如身有疮痍疣赘,虽甚可恶,不可决去。"[③]例如舜,古代有名的明君圣主,虽然自身人品素质非常好,但是他的父亲、弟弟、继母却在舜没有任何过错的情况下,多次试图致舜于死地,这个故事在《孟子·万章上》中有较为详尽的记载。舜除了坚持自己做人的原则、一如既往地对他们好之外,对此也毫无办法。既然连圣人都概莫能外,那么常人也只能"宽怀处之。能知此理,则胸中泰然矣"[④]。《袁氏世范》这种从人生遗憾入手来劝导人宽容的教化思路,抓住了人心中的痛点,起到了打动人心的作用,既安慰了家庭成员中人品较好、付出较多的人,又鼓舞了他们看开、放下,继续对家人宽容以待。

《袁氏世范》除了从性格、人品、处世方式的差异等方面来分析家庭失和的原因之外,还在情感心理领域细挖,更深入地探讨阻碍孝悌之道的心理症结。生活中有不少人之所以不愿意尽心尽力地去践行孝悌之道,并非因为不知道"为何"以及"如

---

① 袁采:《袁氏世范》,天津:天津古籍出版社,2016 年,第 5 页。
②③④ 同上,第 9 页。

何”践行孝悌之道，而是因为在长期的家庭生活中困惑于亲人尤其是父母对待自己的方式，自我感觉在家庭中受到了情感伤害。这些情感症结如不能解除，就有可能导致当事人在践行孝悌之道的时候不能心甘情愿。《袁氏世范》意识到了这一点，它不是一味地劝导人们行孝悌，而是直面矛盾冲突，分析其中的原因，先帮助人们理顺这些症结，然后在此基础上再去引导人的行为。

例如，《袁氏世范》发现了父母偏心是造成子女心理不平衡、影响子女尽孝的一个情感症结。在多子女家庭，父母偏心的现象很常见，而且往往会偏爱幼子和长孙。现象虽然常见，但是，为何父母会偏爱幼子和长孙呢？这种现象背后的原因却很少有人去深入思考。对此，《袁氏世范》提出了自己的见解，讲道：“同母之子，而长者或为父母所憎，幼者或为父母所爱，此理殆不可晓。窃尝细思其由，盖人生一二岁，举动笑语自得人怜，虽他人犹爱之，况父母乎？才三四岁至五六岁，恣性啼号，多端乖劣，或损动器用，冒犯危险，凡举动言语皆人之所恶。又多痴顽，不受训诫，故虽父母亦深恶之。方其长者可恶之时，正值幼者可爱之日，父母移其爱长者之心而更爱幼者，其憎爱之心从此而分，遂成迤逦。”① 在这段话中，《袁氏世范》认为孩童因年龄增长而导致行为发生变化，当年龄大的孩子举动言语变得惹人讨厌的时候，年龄小的孩子却正是举动言语最可爱的时候，从而使得父母更偏爱幼子。等幼子长大，变得不那么乖巧的时候，因为“下无可爱之者，父母爱无所移，遂终爱之，其势或如此”②。至于孙辈中为何长孙又往往会得到祖父母更多的爱呢？对此问题，《袁氏世范》推测道：“父母于长子多不之爱，而祖父母于长孙常极其爱。此理亦不可晓，岂亦由爱少子而迁及之耶？”③ 这或许是因为父母把爱幼子的心迁移到了长孙身上。上述分析，并非逻辑严密的科学推导，但是毕竟给处于这种心理困扰的人们提供了一种符合情理的解释方式。这种解释给了为人父母者以提醒，有助于他们意识到盲目偏爱的不理性，亦给为人子女者以开解，有助于他们理解父母的做法。对此，《袁氏世范》讲道：“为人子者，当知父母爱之所在，长者宜少让，幼者宜自抑。为父母者又须觉悟，稍

①② 袁采：《袁氏世范》，天津：天津古籍出版社，2016 年，第 23 页。
③ 同上，第 24 页。

稍回转，不可任意而行，使长者怀怨，而幼者纵欲，以致破家可也。”①

有时候，父母偏心会以父母给予子女中较为贫弱者更多帮助的形式表现出来。同是子女，父母在进行家庭资源分配时，往往不能一视同仁，通常会更加怜恤子女中较为贫弱者，甚至将其他子女孝敬自己的财物转送给子女中较为贫弱者，这种情况在多子女家庭中很常见，其他子女见此情况，往往会心中不快，容易对父母产生怨恨，进而影响他们去践行孝悌之道。《袁氏世范》抓住了这一矛盾点，也对父母这样做的原因进行了分析，认为很多时候这是由于父母“均一之心”所导致的。所谓“均一之心”也就是希望自己的每一个孩子的生活水准都能够一样，不希望任何一个孩子受苦的心。对此，《袁氏世范》引导较富裕的子女换位思考，建议他们从“均一之心”的角度去理解“偏心”，即谓：“若使我贫，父母必移此心于我矣。”② 通过这种换位思考，子女中较富裕者便会对父母的行为多一分体谅，进而有助于说服自己不去计较这些事情，继续尽好自己孝敬父母的本分。

通过上述分析，可以发现《袁氏世范》在对人进行道德引导时，并非就道德规范一味地进行说教，并非喋喋不休地教导人应该如何践履道德规范，而是让人直面人生中的矛盾冲突，深入人的情感心理领域，分析阻碍道德行为实施的原因，通过解开困扰人心理与情感的症结，从而为人接受道德理念、实施道德行为扫清障碍。这样一种道德教化思路，极易引发人的情感认同，避免了使道德教化沦为道德说教的危险，可以达到事半功倍的效果。这种教化思路值得当代德育工作者借鉴。造成当下德育效果不足的原因之一便在于德育与生活现实的疏离，无法及时回应甚至有意无意地遮蔽受教育对象在社会生活中所遭遇的种种问题以及由此带来的心灵困惑。德育工作从根本上说是做人的工作，而人的行为需要一定的情感心理因素做支撑。这就要求德育工作者要注意对受教育者进行人文关怀和心理疏导，要注意分析受教育者在真实的生活情境中所遭遇的种种困境，以及他们在领会政治观点、践行道德理念时心中可能存在的

① 袁采：《袁氏世范》，天津：天津古籍出版社，2016 年，第 23 页。
② 同上，第 21 页。

矛盾冲突，在此基础上，入情入理地正面回应这些困境和冲突，以帮助人们拓展对生活和人性的理解，而不是回避。只有这样，才有可能让德育工作所要传达的政治观点和道德规范深入受教育者的内心。只有引发受教育者的情感认同，才有可能真正实现政治引导和道德教化的目的。这正如习近平总书记在全国高校思想政治工作会议上所指出的那样："高校思想政治工作实际上是一个解疑释惑的过程……要及时回应学生在学习生活社会实践乃至影视剧作品、社会舆论热议中所遇到的真实困惑。"① 习近平总书记的这段话虽然针对的是高校中的思想政治工作，但其实也适用于一般意义上的德育以及思想政治教育。在这方面，《袁氏世范》的道德教化思路确实为当代德育做出了生动的示范。

(二) 从教化对象的利益入手来解决思想问题的教化角度

从教化对象的利益入手来解决教化对象的思想问题，是《袁氏世范》的重要特色。

仍然以前面提到的"父母偏心"问题为例。对于这个问题，《袁氏世范》一方面如前文所述尽力引导子女正面理解父母，另一方面亦尽力劝导父母收敛自己的行为。在劝导父母不要偏心方面，常规做法是从家庭发展和子女成长的角度来劝诫为人父母者，让他们认识到偏心的危害性。《袁氏世范》亦采用了这样的方式，《袁氏世范》指出父母偏心是造成家庭不睦的症结，对家庭危害极大，即谓："人之兄弟不和而至于破家者，或由于父母憎爱之偏，衣服饮食，言语动静，必厚于所爱而薄于所憎。见爱者意气日横，见憎者心不能平。积久之后，遂成深仇。"② 而父母"均爱"则对家庭和子女发展很有好处，即谓："幼而示之以均一，则长无争财之患；幼而教之以严谨，则长无悖慢之患；幼而有所分别，则长无为恶之患。"③

除了上述这种从家庭、子女长远发展角度劝导父母不要偏心的常规、正向的教化

① 《习近平首次点评"95"后大学生》，《人民日报》，2017 年 1 月 3 日第 2 版。
② 袁采：《袁氏世范》，天津：天津古籍出版社，2016 年，第 21 页。
③ 同上，第 20 页。

方式之外，《袁氏世范》的独到之处则在于它另辟蹊径，跳开家族利益，从父母养老这一关乎父母切身利益的事情入手，对偏心的父母进行劝导，讲道：“人于子孙，虽见其作事多拂己意，亦不可深憎之。”① 为什么即使在某些子孙确实拂逆长辈之意的情况下，也不应该过分嫌弃他们呢？《袁氏世范》解释道：“大抵所爱之子孙未必孝，或早夭，而暮年依托及身后葬祭，多是所憎之子孙。其他骨肉皆然。请以他人已验之事观之。”②即被父母偏爱的子孙长大之后未必会如父母所期待的那样孝顺，即使被偏爱的子孙十分孝顺，但是人有旦夕祸福，被偏爱的子孙也未必一定能长寿，等到父母年老的时候，暮年依托及身后葬祭却往往要依靠不被偏爱的子孙来完成，到时父母的处境会变得很被动，社会生活中这样的事例很多。《袁氏世范》以此来提醒为人父母者，偏心地对待子女有可能会给自己的晚年生活带来后患，因而“人有数子，饮食、衣服之爱不可不均一”③“苟父母均其所爱，兄弟自相和睦，可以两全，岂不甚善”④。这种站在父母立场来进行说理的方式，更容易打动那些为人父母者，从而赋予他们改变自身行为的更多动力。

再例如，关于如何避免子弟被外界不良环境影响的问题，《袁氏世范》的思考角度亦很新颖。现实生活中，为人父母者一般都希望自己的子弟有正业可做，因为正业既可以帮助贫贱之家的子弟养家糊口，也可以防止富贵之家的子弟走上邪路，即谓：“贫贱而有业，则不至于饥寒；富贵而有业，则不至于为非。凡富贵之子弟，耽酒色，好博弈，异衣服，饰舆马，与群小为伍，以至破家者，非其本心之不肖，由无业以度日，遂起为非之心。”⑤ 父母在督促子弟从事正业的过程中，往往会担心子弟交友不慎而不务正业，为此，有的父母会采取将子弟“拘之于家，严其出入，绝其交游”的办法，这是当时父母防止子弟误入歧途的常规做法。但是，《袁氏世范》对此并不认同，其转化思考角度，引导父母去揣摩年轻人的心态以及“拘之于家，严其出入，绝其交游”对年轻人可能造成的影响。《袁氏世范》指出这种限制子弟交往的做法会导

①② 袁采：《袁氏世范》，天津：天津古籍出版社，2016 年，第 22 页。
③ 同上，第 20 页。
④ 同上，第 21 页。
⑤ 同上，第 18 页。

致子弟缺乏社会阅历，“致其无所见闻，朴野蠢鄙，不近人情”。而且一旦把守不严，子弟有可能“情窦顿开，如火燎原，不可扑灭。况居之于家，无所用心，却密为不肖之事，与出外何异”①，因此，《袁氏世范》劝导父母转变教育思路，由严加防范变为积极引导与疏导，一方面建议父母允许子弟外出交往，另一方面又建议父母为子弟的外出交往做出一些限制，并引导子弟从中体会哪些事不能做以及为什么不能做，即谓：“不若时其出入，谨其交游。”这样做的好处在于：通过与外界接触可以增加子弟的见识，提高其对外界不良环境的鉴别力和抵抗力，“虽不肖之事习闻既熟，自能识破，必知愧而不为”②。即使子弟受损友误导办了坏事，也不至于因为没有见识而沦落到完全被坏朋友控制的地步，即谓：“纵试为之，亦不至于朴野蠢鄙，全为小人之所摇荡也。”③这种通过揣摩年轻人心态而提出的教化年轻人的思路，给人耳目一新的感觉。

《袁氏世范》通过上述站在教化对象的利益、立场、感受来思考问题的角度，不仅为困扰家庭的难题提供了新颖的解决路径，而且使得《袁氏世范》体现出那个时代难得的开明意识与人道精神。例如，对待子弟，《袁氏世范》尽管提倡孝悌之道，但却并不要求子弟对父兄绝对顺从，并不宣扬对不肖子孙进行暴力惩治，而是多处表达了“为父兄者当自省”④ 的理念；对待奴婢，《袁氏世范》认为应关心他们的生活，“衣须令其温，食须令其饱”⑤“令冬时无风寒之患”⑥；对待租种自家土地的佃户，《袁氏世范》认为应多加体恤，“遇其有生育、婚嫁、营造、死亡，当厚周之。耕耘之际，有所假贷，少收其息。水旱之年，察其所亏，早为除减。不可以非礼之需，不可有非时之役”⑦；甚至对待飞禽走兽，《袁氏世范》亦主张人换位思考，予以怜惜，即谓：“飞禽走兽之与人，形性虽殊，而喜聚恶散，贪生畏死，其情则与人同……物之望于人，犹人之望于天也。”⑧

---

①②③ 袁采：《袁氏世范》，天津：天津古籍出版社，2016 年，第 105 页。
④ 同上，第 10 页。
⑤ 同上，第 149 页。
⑥ 同上，第 150 页。
⑦ 同上，第 158 页。
⑧ 同上，第 151 页。

《袁氏世范》上述思考问题、解决问题的角度使它所传播的道理更易走入受教化者的内心，起到点悟人、打动人的效果，这种角度值得德育工作者借鉴。德育工作的目的是以一定的道德规范约束受教育者的行为，对受教育者施加有目的、有计划、有组织的影响，并促使其自主地接受这种影响，从而形成符合一定社会一定阶级所需要的思想品德。德育工作的上述目的，往往会造成德育工作者在开展教育活动时，偏重于宏大叙事，预设性、控制性的内容较多，但受教育者对这类内容一般兴趣不大，有的甚至非常抵触。德育工作的初衷并不在于简单地将政治观点和道德理念灌输给受教育者，而在于能让受教育者真心接纳，让政治观点和道德理念入脑入心。对此，如果能够借鉴《袁氏世范》这种站在教化对象的立场来解决思想问题的教化角度，真正体察教育对象的利益和感受，体察他们的生存境遇和发展命运，如果能寻找到合适的、能够走入受教育者精神世界的切入点来开展德育工作，则会让受教育者感受到：德育工作所要传达的正能量、主旋律的价值理念，不仅对社会、对他人有好处，对自己也有好处，这样便可大大增强德育工作的实效性，使德育工作凸显出更多的人文关怀色彩，增强亲和力。

（三）平实生动的教化形式

在讲述道理时，传统家训比如颜之推的《颜氏家训》、司马光的《家范》等往往大量引用经典名句和历史典故，且书面语言较多，这导致其影响主要存在于士大夫阶层，而对普通民众的影响有限。《袁氏世范》与之不同，其定位是俗训，其教化对象不再是一家一族，而是社会大众。《袁氏世范》的作者袁采在《自序》中写道："今若以察乎天地者而语诸人，前辈之语录固已连篇累牍，姑以夫妇之所与知能行者语诸世俗，使田夫野老、幽闺妇女，皆晓然于心目间。"[①] 即撰写此书的目的就是使田夫野老、幽闺妇女都能看得懂和做得到。为此，《袁氏世范》在表述形式方面，力求质朴通俗；在谈具体策略时，力求详细周全。在这方面，为当代德育工作做出了

① 袁采：《袁氏世范》，天津：天津古籍出版社，2016 年，第 1 页。

良好的示范。

以教人如何“忍让”为例，即可管窥到《袁氏世范》的语言风格。“忍让”对维系人际和谐具有重要意义，这一点很多人都认可，但是怎样“忍”才是正确的“忍”，即“处忍之道”[①] 却往往被人忽视。《袁氏世范》注意到这一问题，发前人之所未发，以生动形象的比喻对“忍”进行了分析，讲道：“盖忍或有藏蓄之意。人之犯我，藏蓄而不发，不过一再而已。积之既多，其发也，如洪流之决，不可遏矣。”[②] 在这里，《袁氏世范》以人们的常见事物“水”做比喻，认为人在容忍之时，如果只是做到隐忍不发，那么不满和怒气便会越积越多，如同细流积聚成洪水一样，一旦一时没忍住爆发了，则破坏力会比随时发泄出来更强。因此，《袁氏世范》认为只是隐忍不发的“忍”，不仅无益，反倒有害，还不如不忍，即谓：“然知忍而不知处忍之道，其失尤多。”[③] 这个说理方式很好，其比喻形象生动、贴近生活，使错误的容忍方式及其危害变得简单明了，能够促使那些自以为有容人雅量，实际上却根本没有掌握“忍”之要领的人去反省。在用简洁明了的语言、生动形象的比喻讲明白错误的容忍方式之后，《袁氏世范》又进一步提出对策，指出“不若随而解之，不置胸次”，即根本就不要把对方的冒犯放在心上，随时化解怨气才是正确的容忍方法。讲清道理之后，《袁氏世范》并没有止步于此，而是接着谈如何才能“不置胸次”，袁采模拟人们在生气时的所思所想，为人们提供了化解内心怨气的具体思考角度，即谓：“曰：此其不思尔。曰：此其无知尔。曰：此其失误尔。曰：此其所见者小尔。曰：此其利害宁几何。”[④] 意思是当对方冒犯自己时，自己可以把对方冒犯自己归结于对方考虑不周全，或者是归结于对方认识不到位，或者归结于对方并非故意的，或者归结于对方见识短小，或者理性评估对方冒犯对自己的危害，等等。如果能如此这般地去体察冒犯自己的人，便可以做到“不使之入于吾心，虽日犯我者十数，亦不至形于言而见于色，然后见忍之功效为甚大，此所谓善处忍者”[⑤]。《袁氏世范》这种论述方式，形象生动，有原因分析，有应对策略，有具体方案，从而使得正确的容忍之道跃然纸上，增强了说服力，

---

①②③④⑤ 袁采：《袁氏世范》，天津：天津古籍出版社，2016 年，第 11 页。

起到了打动人心的效果。

为了给众人提供具体的榜样借鉴以方便人们效法，《袁氏世范》在《睦亲》《处己》《治家》三大主体内容之后，又安排了《集事诗鉴》作为该书的附录。《集事诗鉴》集合了历史上流传的一些小故事，并且为每个故事附上一首通俗易懂的小诗以说明该故事的精神实质，起到画龙点睛的作用。篇名诸如《子之于父当鉴顾恺》《子之于母当鉴陈遗》《父之于子当鉴刘商、邓禹》《母之于子当鉴王珪李氏》《孙之于祖父当鉴张元》《孙之于祖父当鉴刘商》《子之于继母当鉴王延》《兄弟分财当鉴薛包、李孟元》《夫之于妇当鉴何曾》《妇之于夫当鉴乐羊子之妻》《邻居当鉴王吉》《富贵则防席势之骄当鉴房玄龄、穆宁、柳玭》等。从这些篇名中，即可看出每一组故事都为人们树立了一个社会角色的榜样，“故事稀释了道德知识的抽象性，为道德知识找回了主体、境遇、情意和生气，让道德知识获得了生动、具体、诱人的故事形态”①。《袁氏世范》正是通过一个个鲜活的人物事迹，通过一个个具体的生活情境，告诉了人们应该如何做子孙，如何做父母，如何做夫妻，如何做邻居，如何对待富贵、贫贱，等等。这些人物榜样，既为书中所述道理提供了事例支撑，又为人们如何做人、如何做事提供了具体的借鉴和指引，从而使得《袁氏世范》所讲道理更有说服力和更具操作性。

《袁氏世范》上述言说道理的方式，确实帮助其实现了著书时的初衷，正如清朝乾隆时期进士杨复吉在评价《袁氏世范》时所说的那样：“靡不明白切要，使人易知易从。”②《袁氏世范》这种表达方式对德育工作颇具启发。长期以来，德育工作在话语表达方面，存在“两多两少”的倾向，即空洞的说教多，理想化的目标多；真实的情景少，具体化的指导少。为此，习近平总书记在全国高校思想政治教育工作会议上指出，要推动思想政治教育工作话语体系创新，增强时代感和吸引力③。鉴于当前德育以及思想政治教育工作在话语表达方面存在的问题，借鉴《袁氏世范》的教化形

① 洪明、龙宝新：《论道德叙事与学校德育》，《教育学报》，2011 年第 3 期。
② 袁采：《袁氏世范》，天津：天津古籍出版社，2016 年，第 184 页。
③ 习近平：《把思想政治教育工作贯穿教育教学全过程开创我国高等教育事业发展新局面》，《人民日报》，2016 年 12 月 9 日第 1 版。

式，德育工作话语体系的创新可以从以下两方面着手：一方面，从增强德育话语的传播力着眼，在进行德育工作的过程中，教育者应充分考虑教育对象的心理认知水平，充分考虑时代特点，在此基础上改进语言表达方式，力争赋予所要传达的政治观点与道德理念以新鲜活泼、通俗易懂、喜闻乐见的表现形式，尽力营造出温馨活泼的话语氛围；另一方面，从增强德育话语的务实性着手，从可操作性方面下功夫，尽量避免大而化之的表达，让受教育者听得懂、用得上。否则，如果德育工作者摆出高高在上的姿态，使用抽象、单调的语言，言说着难以落地的内容，只会让人望而生畏，甚至会受到排斥，彰显德育工作的实效性也便会沦落为空话。

德育工作不应是政治理论与道德语言的简单叠加，而应该真正地走入生活，走入受众的精神世界。只有真正走入受众的精神世界，才有可能取得实效，发挥精神引领的作用。“‘精神世界’作为人类特有的东西，在纷繁复杂的社会现象中具有某种决定性的作用；忽视了精神世界这个重要因素，我们就无法真正理解人、人的生活、人的思想、人的感受，也就无法理解社会的存在和运行。”① 在如何走入人的精神世界、发挥道德影响力方面，《袁氏世范》的教化思路、教化角度、教化形式均做出了生动的示范，值得当代德育工作者吸收和借鉴。

---

① 费孝通：《试探扩展社会学的传统界限》，《中国社会学统计年鉴（1999—2002）》，北京：社会科学文献出版社，2004 年，第 6 页。

第二章
中华优秀传统文化与生命教育

随着生命教育被列入《国家中长期教育改革和发展规划纲要》，与生命教育相关的理论问题成为学界研究的热点，受到教育学领域和思想道德建设领域研究者的广泛关注。其中，关于中华优秀传统文化对当代生命教育的意义，尽管不断地被提及，但具体到中华传统文化的主要思想流派、主要经典著作中究竟有哪些理念可以为生命教育所用，却鲜见细致发掘。本章将以儒家经典文献《荀子》和道家经典文献《文子》为例，阐释其中所蕴含的可以对当代中国生命教育提供借鉴的理念。本章所讲的“生命教育”，指向的对象既包括学生，也包括社会大众，是广义的生命教育。

一、《荀子》思想的生命教育意蕴

荀子是儒家学派的代表人物，是先秦百家争鸣的集大成者。荀子的思想蕴含着一些对生命教育来说至关重要的理念，值得发掘和借鉴。具体来说，荀子的人性论思想所包含的“化性起伪”的理念，揭示出生命是一个不断完善的动态发展过程，对生命态度教育颇有价值；荀子“修身俟命，与时屈伸”的主张，为生命挫折教育提供了思路；荀子对物我关系、人我关系的看法，为生命的社会化教育提供了借鉴；荀子从礼义出发反对自杀和争斗，认为“人最为天下贵”，对生命价值教育颇有启发。

（一）“化性起伪”与生命过程教育

“人性论”是荀子哲学的基础，荀子在“人性”问题上的基本观点典型地体现在如下一段话中：“今人之性，生而有好利焉，顺是，故争夺生而辞让亡焉；生而有疾恶焉，顺是，故残贼生而忠信亡焉；生而有耳目之欲，有好声色焉，顺是，故淫乱生而礼义文理亡焉。然则从人之性，顺人之情，必出于争夺，合于犯分乱理而归于暴。

故必将有师法之化、礼仪之道，然后出于辞让，合于文理，而归于治。用此观之，然则人之性恶明矣，其善者伪也。”① 在这段话中，荀子告诉我们，如果放纵人的自然本能不加节制地发展下去，必然会导致道德品质的败坏和社会秩序的混乱，荀子由此得出“人之性恶”的结论。然而，追求道德品质的完善和社会秩序的和谐终归是儒家的终极目的。为此，与“性”相对，荀子又提出一个“伪”的概念，所谓“伪”也就是通过师法的教化、礼仪的训导，使人性由“恶”变“善”，即上文所谓：“必将有师法之化、礼仪之道，然后出于辞让，合于文理，而归于治。”这个过程就是一个“化性起伪”的过程，而“性”与“伪”之间的关系，简而言之便是“无性，则伪之无所加；无伪，则性不能自美”②“性伪合而天下治”③。

以往学界对荀子上述人性理论的阐发，主要围绕荀子人性论所蕴含的心性情欲之间的关系，荀子人性论究竟是“性恶论”还是“性朴论”，以及荀子和孟子人性论的异同等中国哲学领域的纯学理问题展开。而关于荀子人性论对于生命教育的价值却很少有人关注。实际上，荀子的人性论蕴含着一些对生命教育来说至关重要的理念，值得发掘和借鉴。以荀子“性恶论”的视野去体察“生命”，会自然地得出对“生命”的这样一种认知，即生命是一个从“不完善”开始不断走向“完善”的动态发展过程，这样一个过程的完成，不是一蹴而就的事情，而是要通过后天艰苦的努力，接受师法的教化、礼仪的训导。就个人来说，这是一个不断的“积”和“渐”的过程。所谓“积”，就是在生命成长的过程中，不断地在“书”中学，在“行”中学，向“君师”学，不断把“善”内化到自己心中，这正如荀子所讲的那样：“积土而为山，积水而为海，旦暮积谓之岁。至高谓之天，至下谓之地，宇中六指谓之极；涂之人百姓积善而全尽谓之圣人。彼求之而后得，为之而后成，积之而后高，尽之而后圣。故圣人也者，人之所积也。”④ 也就是说，对于人生中的事情，人要去“追求”才能够得到，人要去“做”才能够成功，人要不断地“累积”才能够提高。如果一个人能够把自身

① 《荀子·性恶》
②③ 《荀子·礼论》
④ 《荀子·儒效》

应该做的事情，做到“全”，做到“尽”，那就可以成为“圣人”了。所谓“渐”，在荀子这里，主要是指注重环境的熏陶和浸染。荀子认为，后天环境的熏陶对人性重塑具有重要意义，人性会随着周围社会环境、文化环境的改变而发生改变，所谓“居楚而楚，居越而越，居夏而夏”① “习俗移志，安久移质”②。因而，荀子得出了结论：“君子居必择乡，游必就士，所以防邪辟而近中正也。”③ 总之，在荀子看来，生命正是在“积”与“渐”的漫漫征途中，克服不足，逐渐臻于完善，这个过程没有捷径可走，需要日积月累的努力，即谓：“不积跬步，无以至千里；不积小流，无以成江海。骐骥一跃，不能十步；驽马十驾，功在不舍。锲而舍之，朽木不折；锲而不舍，金石可镂。”④

荀子的上述思想所透射出来的过程性思维正是当代生命教育所应借鉴之处，这种思维方式特别有利于达致生命教育“爱惜肉体生命、提升精神生命”的教育目的。生命教育在港台和大陆的兴起，很大程度上是因为社会上出现了越来越多不尊重生命的现象，比较典型的有不尊重自己的生命如自杀，不尊重他人的生命如暴力伤害他人等。尽管每一起自杀或暴力伤害事件的发生，都有其特殊的背景和原因，但同时不容否认的是，也与人们思考生命的思维方式出了问题有很大关系。当一个人把生命凝固化，只看到生命当下所发生的一些不愉快的事情，而不能把当下发生的不愉快放入整个生命成长的链条中去考察的时候，就容易在思想上陷入偏执，就容易把一些事情过分夸大，从而引发伤害自己或伤害他人的极端行为。反之，如果能够像荀子人性论对生命理解的那样，把生命看成是一个过程，并以这种过程思维来考察自己的人生，来认识当下自身的处境的话，就可以生发出一份辩证的眼光，就不会把生命中暂时出现的事情夸大成整个人生，也就会减少为了一件事或几件事而冲昏头脑做出自杀或伤人等极端行为的概率。进而，荀子所传达出的生命态度，还会激发出人自我完善、自我超越的动力，让人不慕玄虚，踏踏实实地去做人、做事，从而使整个生命呈现出一种积极向上的态势。荀子的这些理念，值得融入当代

①②《荀子·儒效》
③④《荀子·劝学》

生命态度教育中。

（二）“修身俟命，与时屈伸”与生命挫折教育

生命教育应直面人的生存困惑，否则就难以产生实效。生活经验告诉我们，人在不如意的境遇中、在面临各种生活挫折时，最容易产生生存困惑。于是，如何帮助人们恰当合理地理解自身的境遇，获得直面挫折的勇气，最终走出生命困顿，也便成为生命教育所必须解决的课题。在这方面，荀子的命运观可以为生命教育提供一些有益的理念。

当陷入挫折之时，儒家也会和生活中许多人一样把其归结于“命运”的安排，如《论语》就讲过“生死有命，富贵在天”之类的话。但是，值得注意的是，儒家一方面承认“有命”，另一方面又“不认命”，他们激励人在环境许可的范围内最大限度地发挥主观能动性去开拓发展空间，“尽人事，听天命”可以说是儒家在“命运”问题上的一贯立场。荀子也是如此，甚至相较于先秦时期的孔子、孟子等其他儒者，他的理论表现出更强的进取精神。例如，前文提及的在人性完善的问题上，荀子认为可以通过后天“积”和“渐”的努力来实现。再例如，在天人关系上，荀子明确宣称：“强本而节用，则天不能贫；养备而动时，则天不能病；修道而不贰，则天不能祸……本荒而用侈，则天不能使之富；养略而动罕，则天不能使之全；倍道而妄行，则天不能使之吉。”[①] 可见，在荀子的视野中，人自身的努力至关重要，人在很大程度上可以把握自己的命运。当然，荀子也意识到了个体能力的局限性，外在环境或者偶然因素，在个体发展中同样重要，有时候甚至至关重要，用荀子的话讲就是“节遇之谓命”，即制约人生的遭遇就是命运。在人生历程中，人难免会遇到无能为力之处、无可奈何之时，面对这种情况，荀子的基本看法可以概括为两点：

其一，端正态度，修身俟命。所谓“修身俟命”，也就是要做好准备，耐心等

① 《荀子·天论》

待。荀子的这一观点在如下一段话中获得了淋漓尽致的表达："夫贤不肖者，材也；为不为者，人也；遇不遇者，时也；死生者，命也。今有其人不遇其时，虽贤，其能行乎？苟遇其时，何难之有？故君子博学、深谋、修身、端行以俟其时。"① 这段话告诉我们，在面临时遇不济时，君子应该比处于顺境时更努力、更小心、更严格要求自己，即"博学、深谋、修身、端行"，也就是要好好地做学问、仔细地考虑问题、修养自己的身心、端正自己的品行，然后"以俟其时"，即等待机会的降临。等到时来运转的那一天，因为君子事先已经做好了充分准备，"苟遇其时，何难之有"，一切困难也就迎刃而解了。反之，在面对困难与挫折时，如果不知反省，只知抱怨，则于事无补，即谓"自知者不怨人，知命者不怨天，怨人者穷，怨天者无志。失之己，反之人，岂不迂乎哉"②。

其二，调整行为，与时屈伸。所谓"与时屈伸"，指的是要随着时势的变化，随机应变。用荀子的话讲就是："与时屈伸，柔从若蒲苇，非慑怯也；刚强猛毅，靡所不信，非骄暴也。以义变应、知当曲直故也。诗曰：'左之左之，君子宜之；右之右之，君子有之。'此言君子能以义屈信变应故也。"③ 这段话告诉我们，面对不同的境遇，明智的人应该随时调整自己的行为，有时候可以柔顺得像香蒲和芦苇一样，但这并不是出于懦弱胆怯；有时候又可以刚强坚毅，但这也并不是出于骄傲横暴。真正的君子应当向时而动，当曲则曲，当直则直，灵活应对。

荀子上述"不怨天，不尤人；修身俟命，与时屈伸"的理念正是当代生命教育所应当汲取的宝贵资源。这样的理念既能让人在面对困难与坎坷时保持应有的坚守与坚忍，又能启发人采取必要的灵活方式去应对挫折。这样的理念内化到心中，有助于人们理性、平和地看待自身遭遇和社会发展，保有一份坦然和豁达，保有一份对未来的希望，不至于丧失进取之心，并能减少怨气、戾气。在当代中国，很多自杀和暴力伤人事件正是出于对生活的绝望和怨气的积聚，因而，荀子的这一理念具有宝贵的价

①《荀子·宥坐》
②《荀子·荣辱》
③《荀子·不苟》

值，值得当代生命挫折教育借鉴。

(三)“物我、人我观”与社会生命教育

人是社会性的存在，正如马克思所说：“人的本质并不是单个人所固有的抽象物。在其现实性上，它是一切社会关系的总和。”① 无论是在生活中还是在工作中，个体都需要与“物”接触、与人交往，待人接物的态度和能力影响着个体的生存处境和生命质量。尤其是在当今正处于转型期的中国社会，由市场经济的负效应引发的物欲膨胀、心灵迷失，由竞争加剧引发的人际关系紧张等问题或多或少地困扰着当代人，因而，如何处理物我、群我关系是生命教育应有的内容。在这方面，荀子的“物我观”与“人我观”可以提供不少借鉴。

在“物我关系”方面，荀子的核心主张可以概括为两点：其一，“君子役物”；其二，“欲利而不为所非”。“君子役物”语出《荀子·修身》篇，完整表述是“君子役物，小人役于物”，即君子役使外物，小人被外物所役使；“欲利而不为所非”语出《荀子·不苟》篇，意思是君子希望得利，但不会用不正当的手段去求利。在人的生命历程中，究竟是“役物”还是“役于物”，究竟以何种方式去“欲利”，是值得每个人认真思考的问题。在这两个问题上的抉择，很大程度上影响着生活状态和生命归宿，例如，最近一些年，在新闻媒体上我们不时会看到一些绝症病人在面临生命终结时，会反省得病之前的所作所为，为自己曾经过度为名、为利疲于奔命而后悔，这种反省就是对“役物”与“役于物”之间界限的反省；我们也常常看到这样的报道，一些手握特权的人，在追求物欲的路上贪得无厌，最终身败名裂，身陷囹圄，类似这样的事例印证了荀子“欲利而不为所非”的重要性与正确性。总之，荀子在“物我关系”上的这些理念提醒我们：对名声、财富的追求要有界限，要适可而止，应让名利成为使生命更精彩的保障，而不是让名利绑架我们的生命，更不能为了追求名利而丧失底线，不择手段。

①《马克思恩格斯选集》(第一卷)，北京：人民出版社，1972 年，第 18 页。

在“人我关系”方面，荀子既提出了基本要求，也提出了较高层次的要求。就基本要求来说，最起码应该做到不伤害，在荀子看来，“伤良曰谗，害良曰贼”①。在一个群体中，当自身的能力比他人大时，荀子认为应该宽容大度地去帮助和引导别人；当自身的能力比别人小时，荀子认为应该恭敬、谦逊地对待别人，承认别人的能力，即谓“君子能则宽容易直以开道人，不能则恭敬缚绌以畏事人”②。反之，当自己有本事的时候就仗势欺负别人，当自己没本事的时候就嫉妒诽谤别人，那在荀子看来，就是十足的小人做法了，即谓“小人能则倨傲僻违以骄溢人，不能则妒忌怨诽以倾覆人”③。在现实生活中，因仗势欺人而促使双方矛盾加剧，进而暴力相向的案件时有发生；因嫉妒别人而造谣中伤，甚至采取犯罪手段夺人性命的案件也屡见不鲜。类似这样的事例都在提示荀子上述理念的重要性，当今生命教育在教导人珍惜自我生命和他人的生命时，确实应该把“不因权势而欺人，不因嫉妒而害人”的理念讲清讲透。

就处理“人我关系”的较高层次的要求来说，荀子的主张主要有三点：其一，真诚待人，荀子曰：“是是、非非谓之知……是谓是、非谓非曰直……匿行曰诈。”④可见，在荀子看来，明智就是“以是为是，以非为非”，“正直”就是“是就是是，非就是非”，而“不光明磊落、隐匿自己的真实意图”那就是奸诈。荀子又说：“言无常信，行无常贞，唯利所在，无所不倾，若是，则可谓小人矣。”⑤即说话做事不讲信用、唯利是图，就是荀子眼中的小人，类似这样的观点在《荀子》一书中比比皆是。其二，关爱他人，荀子曰：“体恭敬而心忠信，术礼义而情爱人……劳苦之事则争先，饶乐之事则能让。”⑥也就是说，做人应该外在恭敬、内心诚实、遵循礼义、性情仁爱，劳苦的事情争着干，享乐的事情让给别人。要做到这一点，需要在道德境界上不断提升自己。其三，学会欣赏他人，具备“崇人之德，扬人之美”⑦的雅量。荀子所提出的这三点，特别有助于发展出健康的人际关系，而在一个和谐、健康的人际关系中，自身也必然会获得更好的发展空间。

---

①④⑥《荀子·修身》
②③⑤⑦《荀子·不苟》

（四）“人最为天下贵”与生命价值教育

生命教育的终极目标在于引导人们尊重生命、珍惜生命、热爱生命、提升生命。要实现这一目标，就必须帮助人明晰生命的价值。在这方面，荀子值得称道的理念就在于他对“人”进行了充分的肯定，荀子曰：“水火有气而无生，草木有生而无知，禽兽有知而无义，人有气、有生、有知，亦且有义，故最为天下贵也。”① 在这段话中，荀子明确宣称“人最为天下贵”，他把“人”看成天下最尊贵的存在，并且把人生的尊贵性建立在道德理性之上，即把“礼义”看成人之尊贵之所在。其中隐含的意义就在于，如果人不知“礼义”、不行“礼义”、不按“礼义”的要求去做人做事，那也就丧失了人的尊贵性，也就不配做人了。在荀子这里，懂不懂礼义，是人与禽兽的分界线，礼义践履程度的高低是君子与小人的分水岭。明晰这一点，对于培养人尊重生命、珍惜生命、热爱生命、提升生命的意识十分有用。例如，对于“自杀”这种行为，荀子就从“礼义”的角度进行了否定。荀子曰：“君子行不贵苟难，……唯其当之为贵。故怀负石而赴河，是行之难为者也，而申徒狄能之；然而君子不贵者，非礼义之中也。”② 在这里，荀子结合商朝末年一个名叫申徒狄的人来表达他对自杀的看法。传说申徒狄因为对世道不满而怀抱石头投河自尽，荀子认为，尽管放弃自己生命的事对一般人来说是一件难事，但这种“难能”却并不“可贵”，因为轻易放弃生命的消极行为于事无补。儒家所倡导的是积极进取的人生态度，同样面对不尽如人意的社会现实，先秦时期的儒者或游说诸侯，或著书立说，或收徒讲学，总之想尽一切办法去改变现实，从孔子开始，放弃、逃避，就不是儒家所认可的态度。正是基于此，荀子认为申徒狄的自杀行为不符合礼义，不是君子所倡导的行为。总之，在荀子看来，判断一个人的行为是不是可贵，关键是看其以礼义来衡量是“当”还是“不当”。

不仅对轻易放弃自己生命的做法，荀子持批判的态度，而且对于因为一些是非而产生的争斗，荀子同样持严厉的批判态度，其批判的标准也是礼义。荀子曰：“斗者，

①《荀子·王制》
②《荀子·不苟》

忘其身者也，忘其亲者也，忘其君者也。行其少顷之怒而丧终身之躯，然且为之，是忘其身也；室家立残，亲戚不免乎刑戮，然且为之，是忘其亲也；君上之所恶也，刑法之所大禁也，然且为之，是忘其君也……乳彘不触虎，乳狗不远游，不忘其亲也。人也，忧忘其身，内忘其亲，上忘其君，则是人也而曾狗彘之不若也。凡斗者，必自以为是而以人为非也。己诚是也，人诚非也，则是己君子而人小人也，以君子与小人相贼害也，忧以忘其身，内以忘其亲，上以忘其君，岂不过甚矣哉！”[①] 荀子认为，如果一个人为了发泄一时的愤怒，而与人暴力相向，进行争斗，要么受伤，要么丧命，这是不顾自己身体、不顾亲人家庭、不顾君主法律的做法。在这段话中，荀子举例说，哺乳的母猪为了小猪都知道压抑怒气不触犯老虎，哺乳的母狗都知道为了顾及小狗，不到处游逛以免招惹事端，而有些人却忘了自己性命的宝贵，忘了自己对亲人、国家的责任，为了一时之气与人争斗而惹祸上身，这是猪狗不如的事情。荀子还指出，大凡争斗的人，必定认为自己是正确而别人是错误的，但是荀子认为，即使自己果真是正确的，别人果真是错误的，轻易地豁出性命、不计后果地与人争斗也是大错特错的事情，因为这是“忘其身，忘其亲，忘其君”的不合礼义的事情。

在当代中国，“礼义”的具体内容尽管已与先秦时期有了较大的不同，但就精神实质来说，荀子的上述理念对当代人如何来安顿自己的生命，如何来调适自己的情绪和行为仍颇有教益。据统计，中国的自杀率近年来一直居高不下，自杀已经成为15至34岁人群的首位死因，而且自杀的年龄有不断走低之势，甚至为了父母或老师的几句批评，为了一次考试或一次作业的不理想都有可能导致孩子自杀的行为。同样，近年来，在一些公众场合，为了一些小事恶语相向、大打出手进而造成恶性后果的事件也时有发生。为了一时之气便鲁莽行事，结果给个人和家庭带来了极大的不幸和苦难，给社会造成恶劣影响，这是让人十分痛心的事情。荀子的思想提醒我们：生命是宝贵的，人生是有尊严的，人生价值就体现在有限生命历程中的不断努力，就体现在对自

---

①《荀子·荣辱》

己人生责任和道义的承担，轻易地放弃生命或者为了一些事端而争斗，于人无益，于事无补，不值得去做。荀子的这些理念应该被融入当代中国的生命教育中，让其在新时代发扬光大。

二、《文子》的生命哲学思想

《文子》是一部由秦末汉初的道家人物依托文子，根据流传下来的文子言并结合当时的需要加工而成的黄老学著作。它曾长期被视为伪书，直到1973年河北定县汉墓中的竹简《文子》出土之后，学术界才逐渐认识到了它的价值。《文子》的思想内容丰富，它沿着老子的思路来理解“道”，将“道”视为宇宙本体，将“道”解说成“窈窈冥冥、混而为一”的“气”，其自然无为而化生人和天地万物。道家向来关注生命，虽然讲天道讲得多，但最终还是将社会人生作为落脚点，其终极目的是要指导现实社会的人生日用，解决人生问题。《文子》作为黄老道家的重要典籍，秉承了这一特点，并结合秦汉之际的时代背景，推演出了一套涵盖肉体生命、精神生命和社会生命三个层面的生命哲学思想。

（一）对人的肉体生命的呵护

秦末汉初，人的生存危机并没有因为封建制度的确立而得到缓解，相反，由于战乱频仍、社会斗争复杂，人们稍不留意，生命便会受到威胁；另外，刚登上政治舞台的统治者也幻想通过神仙方术、灵丹妙药等种种手段来达到长生不老，以期永享富贵的目的。由此，如何呵护肉体生命，即“重生”成为那个时代颇受关注的问题之一。“重生”思想是道家学派的一贯主张，它的源头可以追溯至《老子》。《老子》第十三章说：“吾所以有大患者为吾有身。及吾无身，吾有何患？故贵以身为天下，若可寄天下；爱以身为天下，若可托天下。”在此，老子不仅提出了重生思想，而且还将其作为治理天下的基础。其后继《庄子》同样关注肉体生命，并将养生尽年作为人生的追求目标。《文子》继承并发扬了老庄的这一思想，提出了一系列重生、养生的主张。

首先，《文子》主张贱物贵身。耳目声色之欲是人之本能，本无可厚非，但凡事都有一个度。《文子》认为，“耳目淫于声色，即五藏动摇而不定，血气滔荡而不休，精神驰骋而不守”①，即如果过度追求身外之物，必然会伤害到身体。如因身体受损而造成短寿，那么即使有天大的福分也无法享受了，正所谓“祸福之至虽如丘山，无由识之矣”②。《文子》在《符言》篇中还分析了三种使人短寿的原因，它说：“人有三死，非命亡焉：饮食不节，简贱其身，病共杀之；乐得无已，好求不止，刑共杀之；以寡犯众，以弱凌强，兵共杀之。”《文子》所列举的这三种情况，都是由于过度追求外物所触发的。故它在分析了这种“以身役物”的行为后指出人应该“量腹而食，制形而衣，容身而居，适情而行”③，强调“能尊生，虽富贵不以养伤身，虽贫贱不以利累形”④，认为只有这样才能达到“知大己而小天下，贵治身而贱治人，不以物滑和，不以欲乱情”⑤的境界，进而才有可能“全性保真，不亏其身”⑥，乃至成为“真人”。

其次，《文子》主张形气神兼修。《老子》已经初步窥察到了“形神合一”的重要性，其第十章说：“载营魄抱一，能无离乎？”这里的“载营魄抱一”，指的就是形体与精神相结合才能使生命长久的意思。《文子》发展了《老子》的这种思想，它从“道一气一自然”的宇宙观出发，把人看作阴阳气化的结果，进一步提出了“形气神合一”的主张，认为“形”“气”“神”三者结合生命才能存在，即谓：“夫形者生之舍也，气者生之元也，神者生之制也，一失其位即三者伤矣。”⑦因此，为了保持身体健康，就必须从“形”“气”“神”兼修入手，使三者都达到均调和谐，既要避免寒暑燥湿对形体的伤害，又要避免喜怒哀乐对气和神的影响。

最后，《文子》在主张形气神兼修的同时，又特别强调对精神的保养。因为在它看来精神具有统率作用，可以控制人的心志，进而可以控制人的各种欲望和喜怒哀乐。只有精神修养得好，达到神清志明、心境平和的境界，才有可能调整好人的欲

①②③⑦《文子·九守》
④《文子·上仁》
⑤《文子·道原》
⑥《文子·精诚》

望和喜怒哀乐，使其合理地发挥作用，从而实现养生的目的，即“治身，太上养神，其次养形。神清意平，百节皆宁，养生之本也”①。这里，《文子》将“养神”看作是“养生”之本，可见其已经认识到了人之精神的能动作用。这种思想既是对秦汉时期王侯将相单纯追求肉体长生的针砭，又为那个时代不健康的养生风气做了理性校航。

(二) 对人的精神生命的呵护

人是有思想、有灵魂的智能、理性的生命，提升人的心灵境界，完善人格是人类除养生尽年这一生命的基本需求之外给自身提出的更高层次的要求，这也便理所当然成为生命哲学不可或缺的层面。那么，什么是心灵的最高境界？什么是完善的人格呢？在将人看作阴阳气化、秉“道”而生的肉灵存在的《文子》看来，那就是要做到“与天同心，与道同体”②，即做到与“道”的属性相统一。“道”的属性在该书中是以“道之形象”被表述的。《道原》篇说：“虚无、平易、清静、柔弱、纯粹素朴，此五者，道之形象也。”在《文子》看来，符合“道之形象”的人，即是达于最高境界和人格完善的人，这种人也可称为“真人”“圣人”。而要成为“真人”“圣人”，《文子》认为应该从治“心”入手，这是因为“人与天地相类，而心为之主”③。那么如何来治理“心”呢？《文子》认为，首先要精诚内藏，诚而不自欺。李定生先生在其《文子要诠》中引用唐朝道士徐灵府的话这样解释“精诚”二字：“精者，明也。诚者，信也。诚者，天之性也；精者，人之明也。诚以志之，明以辩之。精诚感物，通于道也。”④ 将“精诚”理解成笃实无欺的天道关照，将达到“精诚”看作实现人性与天道相通的途径，这一解释切合《文子》的思想。在《文子》看来，人如果能将精诚存于心内，求己以精，待人以诚，则可“神气动于天也……至精之感，弗召自来，不去而往，窈窈冥冥，不知所为者而功自成”⑤，这种以精诚治心通于天道的观点，显然是

① 《文子・下德》
② 《文子・道原》
③ 《文子・九守》
④⑤ 《文子・精诚》

汲取了儒家的思想，显示了《文子》作为黄老学著作所表现出来的整合道儒的致思倾向，这与后来汉代所宣扬的神学目的论有很大不同。

其次，《文子》认为要致虚守静，恬淡无为。《文子·九守》篇说："静漠恬淡，所以养生也；和愉虚无，所以据德也；外不乱内即性得其宜，静不动和即德安其位，养生以经世，抱德以终年，可谓能体道矣。"这是说，致虚守静、恬淡无为是养生、修德、体道的关键。反之，如果人心充满欲求和巧诈，不虚不静，争胜好强，就会因过分贪恋物欲和巧利而招致灾祸，以致丧失秉道而生的"虚无、平易、清静、柔弱、纯粹素朴"之本性。《文子》还说："人生而静，天之性也；感物而动，性之害也；物至而应，智之动也；智与物接，而好憎生焉；好憎成形，而智怵于外，不能反己，而天理灭矣。"这就进一步阐明：追求物欲和滥用智识都是生命冲动的表现，它一害身体，二害精神，因而只有以虚静修身，才能使人性达于无为而复归于"道"。总而言之，《文子》所说的以虚静修身也就是要克制自身，不使欲望泛滥，即要"适情而已，量腹而食，度形而衣"①，以防止滋生出种种贪婪之心。《文子》认为无论是治理天下还是追求至善，都不应违背"无为"的原则，所谓"能有天下者，必无以天下为也；能有名誉者，必不以越行求之。诚达性命之情，仁义因附也"②。故它强调只要做到以虚静修身，即可达到"神无所掩，心无所载，通洞条达，澹然无事，势利不能诱，声色不能淫，辩者不能说，智者不能动，勇者不能恐"③的"真人"境界。这种以"无为"治身、治心的观点，对抑制当时帝王君相的贪婪、纵欲和专横独断，确有警诫意义。

（三）对人的社会生命的呵护

人作为肉灵之存在不能孤零零地生活在世界上，因为每个人都是社会之人，都扮演着一定的社会角色，并承担着与自身角色相应的责任和义务。这样，就有一个如何完善人的社会生命即如何处世的问题，这也是生命哲学所关注的一个更为高级、复杂

①②③《文子·九守》

的层面，它是人之肉体生命和精神生命在社会领域里的延伸。在老庄道家中已经有了这方面的丰富思想，《文子》在继承这些思想资源的基础上提出了一系列呵护人的社会生命的见解。

首先，《文子》主张“无为”“顺性合时”。《老子》第六十四章说：“为者败之，执者失之。是以圣人无为，故无败；无执，故无失。”《老子》倡导人的行为要顺应天道之自然、无为，但却没有深入论述。《文子》对此进行了补充发展，归纳起来有三点：其一，物有自在之性，人不应妨害物之自在之性，而应顺性而动，法天道以行人事。即谓：“圣人内藏，不为物唱，事来而制，物至而应。天行不已，终而复始，故能长久。轮得其所转，故能致远。”① 其二，《文子》在强调尊重物之自在之性的同时，又指出在充分了解物性的基础上，人可以利用物性，使其符合人的利益，“无为”并不是完全的无所作为。它举例说：“欲致鱼者先通谷，欲求鸟者先树木，水积而鱼聚，木茂而鸟集。”②当然，《文子》所说的“人为”是有前提的，那就是只能引导物的自在之性，使之变得更完美，而不能违逆其自在之性，否则只能导致人性与物性两伤，“夫顺物者，物亦顺之。逆物者，物亦逆之，故不失物之情性”③。其三，《文子》认为人为应把握好“时”。所谓“时”，就是“人为”与“物性”感而生和的条件。《文子》认为“时”的变化是经常的，且不以人的意志为转移，正所谓“时之变则间不容息，先之则太过，后之则不及，日回月周，时不与人游”④。故人应当根据客观条件的变动随时调整人的行为，“圣人不贵尺之璧，而重寸之阴，时难得而易失。故圣人随时而举事，因资而立功，守清道，拘雌节，因循而应变，常后而不先，柔弱以静，安徐以定，功大靡坚，不能与之争也”⑤。这样，《文子》在要求人“法天道”的同时，又加入了“随时而动”以“合天道”的主体因素，这显然是一种将人的主观能动作用与客观规律相结合的思想，这是对老子贬低“人为”的“无为”思想所做出的重大修正。

其次，《文子》主张为人行事要从小处做起，防患于未然。这种思想在《老子》

---

①②③《文子・上德》
④⑤《文子・道原》

中已见端倪，《老子》第六十四章说："其安易持，其未兆易谋。其脆易泮，其微易散。为之于未有，治之于未乱。合抱之木，生于毫末；九层之台，起于累土；千里之行，始于足下。"《文子》继承发扬了这种重视量变的思想，它说："积薄成厚，积卑成高。君子日汲汲以成辉，小人日怏怏以至辱。"① 并且针对当时人的不当行为一针见血地指出："人皆知救患，莫知使患无生，夫使患无生易，施于救患难。"② 在《文子》看来，人只有从小处着眼、谨小慎微，预见未至之势以采取相应的行动，才能做到法天道、合天道、不失时，即谓"圣人之于善也，无小而不行，其于过也，无微而不改"③"君子慎其微"④，倘若等到祸患不可避免时再补救就迟了。《文子》的这一主张显然已经渗入了主体的选择性和能动性，这无疑把如何处世的主动权交给了个体。

最后，《文子》主张为人处世要守柔贵雌，明己之能与不能。《老子》第二十八章提出了"知其雄，守其雌"的概念。"守雌"含有持静、处后、守柔、内敛、含藏等意义。《文子》承袭了这一主张，讲道："欲刚者必以柔守之，欲强者必以弱保之，积柔即刚，积弱即强，观其所积，以知存亡。"⑤ 即如果不能守柔、处后，而是妄为、妄言，恃己之能处处争强好胜，必然会招致怨恨。而且，个人能力也是有限的，即谓："金之势胜木，一刃不能残一林，土之势胜水，一掬不能塞江河；水之势胜火，一酌不能救一车之薪。"⑥因此《文子》认为，真正的智慧在于保持内心的虚静，有自知之明，真正聪明的做法在于明白自己的能与不能，并且做到不以己之能与人争，而是能因人之性，守柔处下用他人之能，使己之不能与人之能相通。这样，一方面可以借助他人的能力使自己免于困境，另一方面也满足了众人欲尽其能、顺其性的愿望，即谓"胜人者有力，自胜者强。能强者，必用人力者也；能用人力者，必得人心者也；能得人心者，必自得者也，未有得己而失人者也，未有失己而得人者也"⑦。

①④⑥《文子·上德》
②③《文子·微明》
⑤《文子·道原》
⑦《文子·下德》

综观《文子》的生命哲学思想，可以看到它既汲取了老庄道家的营养，又继承了稷下黄老学的思想，并结合自己所处的时代做了发展，从而超越了以前的道家。尽管在其生命哲学中有些思想充满了不切实际的幻想，但在秦汉之际那样一个养生成为关注焦点以及处世愈加艰难的社会情境下，它关于如何呵护人的肉体生命、精神生命、社会生命的一系列思想，对当时的世风做了理性校航，呈现出对人类生存的终极关怀，其价值是值得肯定的。

第三章
中华优秀传统文化与社会治理

任何时代的伟大思想，其伟大之处不仅在于它能合乎它所处时代的要求，而且在于它能够超越自我、超越时代，具有启迪后代的智慧，具有长久的适应性。中华优秀传统文化正是如此。作为中华传统文化的精华，从性质上来看，它是指那些在中华民族发展历程中，经过实践检验和历史选择被积淀下来，在历史上发挥过积极作用，迄今仍然具有传承价值，能够提升新时代中华民族思想觉悟、道德水平、文明素养，能够助力中华民族更好地走向未来的文化。作为经受住中华民族发展历史检验和选择的产物，它并不是博物馆里的陈列品，并不仅仅代表少数圣贤哲人的观点和思想倾向，而是中华民族智慧的结晶和历史经验的积累，反映了中华民族的整体意识和价值取向，是中华民族发展、进步，迎接新时代挑战，进行新的历史创造的文化环境、心理背景和精神助力。本章结合当前制约社会发展进步的若干问题，阐释中华优秀传统文化所倡导的核心理念对当代社会治理的现代价值。

一、儒学核心理念对当今社会治理的意义

儒学作为中国传统文化的主干，上承夏商周文明之精华，下开两千年中国思想之正统，它虽然因长期被封建统治者所利用而不可避免地带有维护封建统治、腐朽落后的因素，但它并不单纯是封建社会意识形态和历代政治制度的附属品，更包含着中华民族对社会人生的深刻认识。在历史上，它发挥了整顿社会秩序、规范道德人心的重要作用，在当代，它仍然具有促进社会发展的独特价值。本节将结合一些具体的社会问题，对儒学所蕴含的有利于当代社会发展的若干理念做一番简要阐释。

（一）儒学“和而不同”的理念有利于世界和平

在当今全球化的进程中，盛行的是以西方社会达尔文主义为代表的游戏规则，这个规则就是谁强谁说了算。这是一种将单纯的生物进化法则带入社会发展领域而形成的规则，从长远来看，对人类社会发展并没有好处，它往往导致矛盾激化、冲突不断，从而阻碍和平发展进程。与这种弱肉强食的规则形成鲜明对比的是儒家所信奉的“和而不同”的价值理念。孔子说：“君子和而不同，小人同而不和。”① 这里的“和”指的是异质相济，“同”指的是同类比附。这是两种完全不同的处世之道，“和而不同”容纳异己，显示了宽容的胸怀；“同而不和”只是在压力之下的不情愿的表面一致，在其同一的表面下暗藏的实际上是不可调和的冲突。西方的社会达尔文主义，即通过经济军事压力迫使弱小国家就范的霸道做法，就是典型的“同而不和”。其实，按照儒家“和而不同”的理念，各种文化可以互相借鉴，和平共处。在儒家看来，只有有眼光辨识对方的优点，有度量汲取对方的长处，才能触发自我更新的契机。儒学也以其自身的发展历程形象地说明了这个道理，例如，西汉董仲舒吸收了阴阳家的思想来改造儒学，使儒学更加契合封建统治，从而解决了儒学的政治前途问题；宋明理学则通过援佛入儒，实现了儒学的哲学化、精致化，提升了自己的理论高度。可以说，在发展的每一个阶段，儒学都能够接纳异己并向其学习。这种接纳与学习并没有改变儒学的性质，儒家不仅没有因此而变为杂家，反而得到了更新与提高，这就是“和而不同”。当今世界急需这种“和而不同”的理念做指引。各个国家和民族由于所承载的历史不同，所面临的现实国情不同，注定了要走不同的道路。霸权主义在世界范围内强行推广单一模式的做法是行不通的，只会带来冲突和战乱。一个美好的世界必定是一个能够包容多样性、异彩纷呈的世界，这正如费孝通先生所言：“各美其美，美人之美，美美与共，天下大同。”这一说法是对儒家“和而不同”思想所做出的现代诠释。

---

①《论语·子路》

（二）儒学的孝道思想可助益青少年健康成长

青少年是祖国的未来，青少年的健康成长直接关乎社会的永续发展。近年来，在青少年成长领域，有两类事情令人格外痛心：一是青少年犯罪越来越多，涉案青少年的年龄越来越小，手段越来越残忍；二是青少年自杀屡见不鲜，让人十分痛心。要预防、遏止青少年这种伤害他人、伤害自己的行为，除了提高青少年的法律素养、对加强心理辅导等常规手段之外，中国传统孝道思想对解决此类问题也大有助益。以下以《孝经》中的两个观点为例，来管窥儒家孝道思想在这方面的价值。

其一，《孝经·开宗明义章第一》提到："身体发肤，受之父母，不敢毁伤，孝之始也。"这句话反映的是儒家视保全身体为最初步地践行孝道的理念。儒家之所以持这种观点，是因为儒家把个人的身体视为父母身体的延续，即谓"身也者，父母之遗体也，行父母之遗体，敢不敬乎"①，父母"全而生之"，子女应"全而归之"。这样，能否保全身体就上升到对父母孝与不孝的高度了。当然，这种说法具有人身依附的嫌疑，由此引申出来的"故舟而不游，道而不径，能全支体，以守宗庙，可谓孝矣"②等，也过于谨小慎微，在今天看来，已经不合时宜了。但是，倘若我们抹去历史渣滓，从更高的精神层面去理解"身体发肤，受之父母，不敢毁伤，孝之始也"这句话，便会发现它仍有合理性。子女由父母含辛茹苦抚养长大，父母在子女身上倾注了毕生的财力、心力，并且都对子女寄予了深厚的希望，从这个意义上讲，将子女视为父母生命的延续也未尝不可。而且，如果因为自己不爱惜身体而丧失健康甚至生命，父母老了就会无依无靠，也就失去了奉养父母的最基本的前提，当然是大不孝了，这就是孟子所说的"事孰为大？事亲为大。守孰为大？守身为大。不失其身而能事其亲者，吾闻之矣；失其身而能事其亲者，吾未之闻也"③。如今，有些青少年稍遇不顺便选择自杀，这是直接伤害自己的生命；有些青少年作奸犯科直接伤害了别人，因触犯刑律而受到惩罚，也就间接伤害了自己。从上述意义来看，就是严

① 《礼记·祭义》
② 《吕氏春秋·孝行览》
③ 《孟子·离娄上》

重违背了孝道。

其二，《孝经·开宗明义章第一》提到："立身行道，扬名于后世，以显父母，孝之终也。"所谓"立身"就是要成就一番事业。子辈应怀着对家庭的责任感去为人处世，建功立业。子辈有了成就，做父母的就会感到高兴；子辈多做对社会有益的事，父母也会受到褒扬，赢得社会的尊重，这是大孝。限于能力，子辈即使不能大有作为，至少不应做违法乱纪等为社会所不齿之事，这样才能如曾子所说"不辱其身，不忧其亲"[①]。相反，子辈如若误入歧途，身陷囹圄，便会给父母精神上带来沉重的负担、耻辱或负罪感，这是大不孝。现在有些年轻人走上犯罪道路，与缺乏对家庭的义务感、责任感有很大关系。

父母子女之情是一种天然情感，"孝"是中华民族最重要的传统美德之一，在中国两千多年的儒学背景之下，很多人或许不能全面理解孝的含义，但对"孝"这个词一般都耳熟能详。许多走上歧路的青少年在幡然悔悟之时也通常都会说"对不起父母的养育之恩"等类似的话。可见，这种天然情感是难以泯灭的，"孝"应该说在中国人的心中有着深厚的基础。因此，如果能对孝道孝行的合理内涵进行深入挖掘，汲取其于现实有用的部分，由此入手引导青少年健康向上，使他们认识到爱惜生命、珍惜名誉不仅仅是个人的私事，而且与父母有直接关系，是对家庭和父母的责任和义务，便有可能促使他们逐渐摈弃狭隘、自私、唯我独尊、好占上风等不良心理。这应该对遏制自杀率和犯罪率有很大的作用。因为这是源自内心的教育，唤醒的是人的真实情感，或许比单纯地依靠外在约束来得更为持久和深入。

（三）儒学的核心理念对缓解社会各群体的"弱势感"具有价值

"弱势"是一个相对概念，"弱势感"是在与他者的比较中产生的感觉。作为一种对自身境遇的内在情感"自觉"，"弱势感"与"弱势群体"并非完全对应的关系，怀有"弱势感"的人既有可能属于老弱病残，或经济上特别贫困、社会地位特别低的

---

①《大戴礼记·曾子大孝》

"典型弱势群体"，也可能是通常标准中的"非弱势群体"。例如，《人民论坛》问卷调查中心随机抽样调查结果显示：57.8％的公司白领受访者认为自己是弱势群体，55.4％的知识分子（主要为高校、科研、文化机构职员）受访者认为自己是弱势群体。[①]这些外表光鲜、难以归入通常意义下"弱势群体"范畴但却怀有"弱势感"的人群，本节将其称为"非典型性弱势群体"。可以说"弱势感"是一个比"弱势群体"更宽泛的概念。近年来，在我国社会，"弱势感"有不断蔓延和泛化的趋势，这一社会现象与新时代的社会发展方向是背道而驰的。长此下去，必然会使社会充满怨气，它的负面效应显而易见。例如，对于典型弱势群体来说，他们的"弱势感"越强烈，越会倾向于将自身不如意的境遇归结于获益群体的剥夺，这就极有可能激化社会对立情绪，甚至引发敌视或仇恨心理。事实证明，许多犯罪、群体冲突等恶性事件的发生往往与此有关，这犹如经济学中的"水桶效应"，社会风险总是最容易在承受力最低的社会群体身上爆发；对于非典型弱势群体来说，"弱势感"会让他们意志消沉，主动工作的热情降低，生活幸福感缺失，而这一群体正是推动社会发展的中流砥柱，他们的消极情绪会严重放缓社会进步的步伐。可见，"弱势感"蔓延的现象值得高度重视。近年来，学术界对"弱势群体"问题的探讨很多，而对于"弱势感"却鲜见论及，本节从更广泛的视域，既兼及"典型弱势群体"又兼及"非典型性弱势群体"，在家庭养老、社会交往、阶层流动三个层面，对有助于缓解"弱势感"的儒学理念做一番初步探讨。

其一，家庭养老层面。

老年人因其生理特点，是易产生"弱势感"的主要人群之一。目前，我国已经进入老龄化社会，且与发达国家人口老龄化过程相比，呈现出人口基数大、增长速度快、老龄化超前于社会经济发展等特点。在养老保障方面，社会机构养老目前尚处于起步阶段，远远不能满足实际需求。在种种情况的制约下，"家庭养老"这一中国传

---

① 人民论坛问卷调查中心：《"弱势"缘何成为普遍心态——不同群体"弱势"感受对比分析报告》，《人民论坛》，2010 年第 12 期。

统养老方式仍会在很长一段时间内占据主导地位。

所谓家庭养老，“通常认为是指家庭所具有的让老年人通过家庭（特别是子孙后代）的赡养（这样的赡养通常包括经济支持或给予物质生活资料、日常生活的照顾和精神慰藉三个方面）安度晚年的这样一种功能”①。在我国，“家庭养老”的情感渊源和理论渊源都非常深厚。中国传统思想文化的主干——儒学以自己的“孝”思想为其做了充分论证并深深影响了中华民族的精神世界。有人或许有疑问，儒家“孝道”之所以能够实行，是因为有古代自然经济做基础，有几代同堂的大家庭做保障，而当今社会结构以及生活方式都发生了翻天覆地的变化，比如现在占主导的是核心家庭，比如无论是农村的还是城市的年轻人往往都会在远离家乡的地方谋职。在这种情况下，儒家的“孝”还有实施的土壤吗？

确实，随着社会结构的变化和人口流动的加速，家庭小型化和空巢化的发展趋势十分明显，子女能为老年人提供的实际生活照料越来越有限。中国老龄科学研究中心曾做过调查：全国城市地区有近一半的老人没有子女相伴，农村“空巢”老人的比重也占到四成左右②。但是，值得注意的是，尽管老年人通常被界定为60岁以上的人口，但并非人一进入60岁即完全丧失生活自理能力以及个人经济来源。实际上，随着社会发展，老年人完全依靠子女赡养的年龄已大大推迟。在很大程度上，与直接生活照料相比，老年人更需要的是来自子女的精神慰藉。人到老年，脱离了工作岗位，生活轨迹的改变往往使之产生与社会的脱节感、精神上的孤寂感，更容易灰心，心理上更容易受到伤害，这种种“弱势感”会加速老年人思维能力的衰老，甚至会诱发老年性痴呆症、老年性抑郁症等疾病。在这方面，即使文化程度较高、退休前拥有较体面地位、退休后有较稳定退休金的老人也不能例外。跨越地域、文化、经济的差异来看，老年人这个群体对精神慰藉的渴望是相同的。

儒家对“养老”问题，一开始就包含着物质和精神两方面的要求，其所倡导的

① 杨善华、贺长梅：《责任伦理与城市居民的家庭养老——以“北京市老年人需求调查为例”》，《北京大学学报》（哲学社会科学版），2004年第1期。

② 杨琳：《中国式养老眺望前路》，《瞭望》，2010年第13期。

“孝”一方面指“养亲”，更重要的则是指“敬亲”“尊亲”。孔子曰：“今之孝者，是谓能养。至于犬马，皆能有养。不敬，何以别乎？”① 意思是说，如果对父母只养不敬，那就和养狗、养马没有区别了。孟子也说：“孝子之至，莫大乎尊亲。”② 为此，儒家对子女提出了许多具体要求，例如，要求子女与父母相处时，面色要恭敬，言语要和顺，即“孝子之有深爱者必有和气，有和气者必有愉色，有愉色者必有婉容”③；要求子女在与父母意见不一致时，要“事父母几谏，见志不从，又敬不违，劳而不怨”④；要求子女意识到父母在世之日有减无增，提醒子女孝敬父母要及时，即“父母之年，不可不知也。一则以喜，一则以惧”⑤；要求子女出门在外时既要保重自己的身体又要爱惜自己的名誉，不要使父母担忧，不要使父母蒙羞；等等。儒家“孝”的内涵十分丰富，有许多内容跨越了时空限制而具有隽永的生命力，上述简要列举的几点相信有子女的老人看到后，均会生出认同感。然而反思当今中国社会的代际关系，我们可以发现父辈对子孙的抚养责任在强化，而子女对父辈的赡养义务却在弱化。当然，自然经济瓦解了，大家庭少见了，不少年轻人要离开家乡去谋生，许多老年人不可避免地要面临空巢的局面，在这种情况下，我们提倡儒家的“孝道”，并非要求子女不顾客观条件，不顾自身发展都固守在老人身边，而是倡导子女重视对父母的“精神赡养”。无论离家多远，无论工作多忙，都应常以“孝”提醒自己，例如，可以有意识地增加与父母沟通的时间，自觉地将自己工作生活中的内容与父母分享，尽可能地增加探望的次数，多说几句体贴温存的话语，与父母意见不一致时要少争执、多体谅，日常生活中给予父母必要的经济补贴，等等。每个家庭有每个家庭的特殊情况，每对父母有每对父母的个人偏好，但做子女的只要有“孝”的意识，投入更多的感情放在父母身上，就完全可以根据具体情况创造性地发挥出各种“孝”的行为。这样，即使距离“远”，心灵仍然可以做到“不远”；这样，即使不能实质性地改变父母的孤寂处境，也可以减少父母因被遗忘等而产生的“弱势感”，增加他

①《论语·为政》
②《孟子·万章上》
③《礼记·祭义》
④⑤《论语·里仁》

们的“幸福感”。总之，儒家“孝”的理念完全可以以一种变通的方式适应当今的社会现实。

其二，社会交往层面。

弱势群体因其弱者地位，往往会陷入“社会排斥”和“自我樊篱”相互作用的人际交往怪圈中，从而加剧他们的“弱势感”。

就“社会排斥”来看，弱势群体作为边缘群体，在社会中最容易受到歧视。这种歧视会加剧弱势群体的相对剥夺感，促使他们更多地将“弱势”归于他人或者社会等外在原因，从而对他人或社会产生不满和怨恨。当这些“弱势感”累积到一定程度时，便会激化弱势群体与其他群体之间的情感对立和冲突，进而有可能引发弱势群体反社会的行为，“各种社会排斥过程无不导致社会动荡，终而至于危及全体社会成员的福利”①。这样看来，关心和尊重弱势群体，对每个社会成员都有益。即使抛开这些利己利他的利害考量，尊重、关心、互助也是一个社会文明、进步的标志。在这方面，儒家以“恻隐之心”为主要特点的“仁爱”思想对当今社会颇有教益。“恻隐之心”简而言之就是感同身受，不忍别人受苦的心，在孟子看来，这是“仁”的发端。而儒家“仁爱”尽管以血亲之爱为基础，但绝不仅仅局限于血缘，其更要求在“恻隐之心”的支配下，将这种血亲之爱推己及人，“不独亲其亲，不独子其子”“老吾老，以及人之老，幼吾幼，以及人之幼”。倘若这些理念能够成为大多数人为人处世的主导观念，那么尊重和扶持弱者的行为便可以成为自然而然的事情了。

就“自我樊篱”来看，弱势群体的“弱势感”会使他们的心理承受力比一般人更脆弱，反映在人际交往上，他们往往存在自卑、胆小、害羞、怀疑他人等交往障碍。例如，他们一方面渴望获得社会的同情和帮助，另一方面又拒斥别人帮助中所含有的怜悯、施舍的成分。据“五城市贫困调查”的统计数据显示：“经常或偶尔会觉得接

① 克莱尔：《消除贫困与社会整合：英国的立场》，《国际社会科学杂志》（中文版），2000年第4期。

受政府救济会被人看不起”的城市贫困家庭比例，重庆占61%，兰州占35%，武汉占43%，天津占26%，上海占32%[①]。可见这种交往心态具有一定的普遍性，对这一问题的处理，儒家所秉持的“忠恕之道”的理念特别值得借鉴。所谓“忠恕之道”，简言之就是“己欲立而立人，己欲达而达人”[②]“己所不欲，勿施于人”[③]；“忠恕”的实质就是要以同情心和同理心待人，将心比心、设身处地地为他人着想。这种理念在与弱者相处时意义特别重大，因为“在给人帮助的同时还给人保有尊严，就能为人创造加倍的幸福；相反，如果给人帮助又不顾他人尊严，就能给人带来极大的伤害”[④]。

以上主要针对“典型弱势群体”而言，实际上，儒家以“恻隐之心”为主要特点的“仁爱”思想以及“忠恕之道”对缓解社会其他群体所怀有的“弱势感”同样有益。有很大一部分人如同本节开篇所谈到的，尽管他们的职业、收入都较体面，很难把他们划入弱势群体之中，但是他们的心头却同样有挥之不去的“弱势感”。这些“弱势感”的来源是多方面的，例如工作强度大、职位升迁受阻、收入难以提升、自认为不被周围人所理解，以及自认为正当利益受损，等等。这些群体的“弱势感”与“典型弱势群体”的弱势感相比，尽管同样与欲求不满和挫折体验有关，但因为这部分人的基本“生存”是没问题的，所以他们的“弱势感”倘若能够获得有效的“社会支持”，往往能更快地缓解。“社会支持”按照来源和性质可分为两大类：以社会组织和社会制度为支撑的正式的社会支持和以社会网络为支撑的非正式的社会支持。前者如劳动就业制度、劳动工资制度、社会保障制度、社会福利制度等构成的社会支持网络；后者如家庭、家族、邻居、朋友、同事等社交圈子构成的社会支持网络。前者需要一定的社会契机才能够实现，而后者在一个温情的社会中则很容易实现。在漫长的古代社会，受儒家“仁爱”思想的影响，中国就是一个充满人情味的国度，若干年前，单位、居委会往往特别关注单位内人员的生活状况，或帮助疏解心理困惑或帮助

---

① 唐均等：《中国城市贫困与反贫困报告》，北京：华夏出版社，2003年，第212页。
②《论语·雍也》
③《论语·颜渊》
④ 吴甘霖、邓小兰：《有尊严的生活》，北京：新华出版社，2010年，第18页。

缓解生活困难；邻里之间奉行的是“远亲不如近邻”，也往往其乐融融，与陌生人交往也没有太多的戒备心。但目前的社会现状却是人与人之间的关系日益疏远、冷漠，尤其城市中这种情况尤甚，例如，单位只关注员工的业绩却不关心员工的心理健康；同事只交流工作事项而对个人困境讳莫如深；邻居更因为单门独户的单元住宅格局所形成的封闭居住环境而“鸡犬之声相闻，老死不相往来”；走在路上，遇到需要帮助的人也因怕招惹上麻烦而避之唯恐不及等，以致很多人抱怨当代社会越来越没有人情味了。而今人们更崇尚个性、自由、隐私，但“过犹不及”，如果“过了”带来的必然就是人情冷漠。现在，我们经常可以听说某某自杀了，某某患抑郁症了，在没有生存压力下，出现这些情况恐怕在很大程度上与缺乏精神抚慰有关。确实，精神抚慰可能并不能解决实质问题，例如升迁受挫，组织找你谈话开导，固然很难带来一个实际的职位，但是通过倾诉沟通，“需要”有可能以间接、代偿性的方式满足，从而可以缓解由于心理不平衡所导致的紧张、焦虑等“弱势感”。在以“仁爱”之心对怀有“弱势感”的人进行精神抚慰时，倘若再注意应用“忠恕”之道，相信定会起到良好的效果。

其三，阶层流动层面。

阶层之间的流动性是维持社会稳定的重要因素，如果中下阶层的成员具有较为畅通的实现“向上”流动的途径，那么就会形成一种“付出就有回报，努力就有收获”的社会信念和风气，这种信念和风气特别重要，它能够让普通民众感觉到自己对于生活的控制力，减少其面对劣势处境的无助感、无望感，从而可以在很大程度上弥补社会分化对这些群体所造成的伤害，缓和社会矛盾。

过去，平民家庭改变命运的主要路径是：家庭弱势—鼓励支持子女读书—考上大学—顺利就业—改变命运。人们普遍相信通过读书考试等制度化方式可以提高自身的阶层地位。但现在这一传统的向上流动模式出了问题，这些问题反映在教育机会、职业获取、职场晋升、生活改善等一系列环节中。当前，人们普遍感受到教育的公平筛选功能被大大弱化的社会现实，阶层流动的动力不仅在教育过程中受阻，而且在职业获取环节进一步弱化，特权的作用往往直接颠覆劳动力市场的筛选规则。对于弱势家庭而言，本来期望子女可以通过上大学在城市找到一份体面的工作，但在目前的社会现实面前，越来越多的人反倒相信读书极可能使家庭更贫困。即使怀揣名校的毕业文凭，没有社会关系的依托一样难以找到工作，而“富二代”“官二代”却畅通无阻。二者的处境天壤之别，这实质上反映的是阶层日益固化的社会现实。即使出身底层的青年人终于在城市谋得了一份体面的工作，似乎已经从“弱势”里面挣脱了出来，但在职业发展生涯中许多缺乏社会关系的人依然时时遭遇不公平的“游戏规则”，劣胜优汰的“逆淘汰”现象使得其“弱势感”始终挥之不去，加之目前高昂的房价，亦使工薪阶层生活质量的改善举步维艰。上述这些状况若持续发展下去，只能促使阶层壁垒日益扩大，阶层关系走向对立。正如有的学者所指出的那样：“官员与民众，富人与穷人，精英与草根，体制内与体制外，日益分成界限清晰的‘你们’和‘我们’，各自的话语体系犹如鸡同鸭讲。既得利益集团垄断各种社会资源，并固化利益；社会底层则抱怨社会不公，极端的平民主义和民粹主义开始露出苗头。人人都认为自己‘弱势’，人人都缺乏安全感，整个社会处在一种紧张状态。”①

对于上述状况，儒学所能提供的有益思想理念主要包括“仁政爱民”与“选贤与能”。就“仁政爱民”来说，儒家深刻地认识到，君权需要民众的支持和配合才能够稳固，君与民之间是互相抗衡又互相依赖的关系，荀子有段话说得很好：“马骇舆则君子不安舆，庶人骇政则君子不安位。马骇舆则莫若静之，庶人骇政则莫若惠之。选贤良，举笃敬，兴孝弟，收孤寡，补贫穷，如是，则庶人安政矣。庶人安政，然后君子安位。”② 就“选贤与能”来讲，就是要在人才选拔等各种筛选机制中，更加注重个人品德和个人能力。这种理念可以使中下阶层产生奋斗的动力，树立凭借个人努力可以改变自身经济和社会地位的信念。这种对生活的希望至少会让其感觉到：即使现在不行，但是通过努力和奋斗将来有可能行；即使这一代不行，但通过

① 黄豁：《消解“阶层固化”隐忧》，《理论参考》，2011 年第 3 期。
②《荀子 · 王制》

努力下一代可以好一些。而不是无论怎样努力都没有希望，自己不行，儿子、孙子也都注定不行。当然，儒家以“亲亲”为基础提出的“选贤与能”的主张具有不彻底性，在日常操作中时常落入“任人唯亲”的窠臼中。我国“差序格局”[①]的社会结构以及“人治”的传统，也直接与儒学有关。但是，如果就此认为提倡儒学的相关理念，“是为封建专制、人治思想招魂，是麻痹普通大众”[②]，那也是失之偏颇的。这种看法没有充分认识到儒学的两面性，忽视了其有价值的一面。打破阶层固化，归根结底应建立公平、正义的社会秩序，而这种秩序的建立最终需要依靠健全的民主、法制等制度保障，在民主、法制的监督下，可以荡涤掉儒学的封建糟粕，其“仁政爱民，选贤与能”的理念完全可以成为促使阶层良性流动，实现社会公平、正义的帮手。

本着“仁政爱民”和“选贤与能”的理念，对于制定各种政策的政府来说，遏制“弱势感”蔓延的势头，可以从以下两方面入手：其一是“前瞻性”。即在一项重要政策出台之前，对政策实施的可能性后果进行多方面的论证和评估。其二是“补偿性”。对于我国来说，国情复杂，改革有轻重缓急，需要循序渐进，在众多利益选择中政府无力兼顾所有人的利益，从而造成有些群体被迫弱势化，对此，政府应及时出台“补偿性”的政策以缓解社会矛盾。罗尔斯强调：“财富和权力的不平等，只有在它们最终能对每一个人的利益，尤其是对地位最不利的社会成员的利益进行补偿的情况下才是正义的。这些原则拒绝以某些人的苦难可以从一种更大的总体善中得到补偿这种借口去为体制进行辩护。”[③]相比较而言，“补偿性”比“前瞻性”更重要，因为政策往往是把双刃剑，再怎样“前瞻”，恐怕也难以让所有人满意；而“补偿性”政策则可以在事后进行有针对性的弥补，这是保证政策的正义性，保障社会良性运转，彰显政府责任感的必备措施。对我国政府来说，“前瞻性”和“补偿性”的工作其实一

① 中国传统的社会关系是按照亲疏远近的差序原则来确立的，即以“己”为中心，像石子一般投入水中，和别人所联系成的社会关系，不像团体中的分子一般大家立在一个平面上的，而是像水的波纹一般，一圈圈推出去，越推越远，也越推越薄，即谓“差序格局”。参见费孝通《乡土中国生育制度》。

② 王文龙：《社会资本、发展机会不均等与阶层固化》，《吉首大学学报》，2010 年第 4 期。

③ 约翰·罗尔斯：《正义论》，上海：上海译文出版社，1991 年，第 16 页。

直都在做，相信未来会越做越好。

二、道家治国理政的智慧——以《文子》为例

在中国历史上，道家直接参与政治是从黄老道家开始的。老庄道家虽有高深的哲理，但缺乏落实到现实社会中的方案，它是消极的、出世的。而黄老学虽然仍以“道”为本，以“无为”为宗，但它所讲的“虚无”“无为”“因循”“养生”等在内涵上已经发生了很大的变化，对待世俗社会及文明，它不再像老庄道家那样冷漠、轻视，而是转为热心、关注。可以说，黄老学把老庄道家的价值取向由玄虚拉向了现实，表现出一种执着现实的人文精神，它是积极的、入世的。《文子》作为黄老道家的重要典籍，其思想内容鲜明地体现了黄老学的这一特点，表现在政治哲学上就是“它虽然仍以‘道’作为最高哲学范畴，但它的最终目的并不在于讨论那个作为化生源头的本体，很大程度上是为了借‘天道’来抬出‘法天道’的‘政道’，是为了讲社会人事方面的政道、治道以及人君的统御之道”①。其中所包含的政治智慧对今天的社会治理以及领导者执政能力的提升而言，仍具有可资借鉴的意义。

（一）君主以虚静治身

《文子》认为，君主的自身素质对治理国家非常重要，所谓：“本在于治身，未尝闻身治而国乱者也，身乱而国治者，未有也。故曰‘修之身，其德乃真’。”②那么君主修身的标准是什么呢？在将人看作阴阳气化、秉“道”而生的肉灵存在的《文子》看来，此标准就是“与天同心，与道同体”③，即与“道”的属性相统一。“道”虚无、平易、清静、柔弱、纯粹素朴，《文子》将这五个属性称为“道之形

---

① 陈丽桂：《试就今本〈文子〉与〈淮南子〉的不重袭内容推测古本〈文子〉的几个思想论题》，《道家文化研究》（第18辑），上海：上海古籍出版社，1996年。

②《文子·上仁》

③《文子·道原》

象”[①]。《文子》对“道”的这些属性做了高度评价，它说：“清静者德之至也，柔弱者道之用也，虚无恬愉者万物之祖也。”[②]并认为正是这些美好的品性使“道”成为天地万物变化发展的内在根据，并成就了“道”的长久，即谓：“夫道者，德之元，天之根，福之门，万物待之而生，待之而成，待之而宁。”[③]因此，圣人、圣王只有领会、效法“道”的这些品性并以之作为行为准则，将自身本性与道的本性统一起来，才能以内治外，以内在之静达到外在之静，成就无为而无不为的清静平和之政，最终达到和谐而完美的统治。这正如《文子》所说：“上圣法天……法天者治天地之道也。虚静为主，虚无不受，静无不持，知虚静之道，乃能终始，故圣人以静为治，以动为乱……是谓天道也。”[④]《文子》的这一认识是对《老子》第五十七章“我无为，而民自化；我无事，而民自富；我好静，而民自正；我无欲，而民自朴”思想的引申。

（二）君臣异道即治

《文子》认为君主应以虚静修身，行无为而治，即：“所谓天子者，有天道以立天下也。立天下之道，执一以为保，反本无为。”[⑤]“君执一即治，无常即乱，君道者，非所以有为也，所以无为也。”[⑥]但是，《文子》中的“君道无为”是有条件的，这个条件就是它需要“臣道有为”来配合。

《文子》认为：“君臣异道即治，同道即乱。”[⑦]这里的“异道”指的是君“无为”而臣“有为”，“同道”指的是君臣都有为。在《文子》看来，君主“有为”的害处有二：其一，君主如果包揽一切政务，事必躬亲，则臣下的作用就不能得到充分有效的发挥，这便会妨害他们为君主做事的积极性，即谓“人君舍其所守，而与臣争事，则

①②《文子·道原》
③⑥《文子·道德》
④《文子·九守》
⑤《文子·自然》
⑦《文子·上义》

制于有司”[1]；其二，君主在做事的过程中，容易暴露自己的意图，这就为阿谀奉承者提供了机会，即“有为即议，有好即谀，议即可夺，谀即可诱”[2]，这样一来，必然增加麻烦，从而干扰到政务的处理。因此，《文子》反对君主有为，它认为正确的做法应是：“人君者，不任能而好自为”“以无为恃位”[3]。《文子》所说的“无为”并非无所作为，而是要以“不伐之言，不夺之事”“不知为道”等手段掩饰自己，既牢牢地将臣下掌握在自己的手中，使他们各尽所能，又不过分暴露君主个人的意图，这样便能阻绝阿谀和非议的门路，有利于成就清静平和之政。可见，“无为”恰恰是君主按照自己的政治意向而有所作为的表现，即“水下流而广大，君下臣而聪明，君不与臣争而治道通”[4]。《文子》以御马来比喻这种游刃有余的驾驭臣下的方法，它说：“治人之道，其犹造父之御驷马也。齐辑之乎辔衔，正度之乎胸膺，内得于中心，外合乎马志，故能取道致远，气力有余，进退还曲莫不如意，诚得其术也。”[5]

君臣异道，以无为御臣下是《文子》处理君臣关系的总方针，为贯彻这一方针，《文子》还提出了以下四个具体策略：

其一，要善用众人之力。“金之势胜木，一刃不能残一林；土之势胜水，一掬不能塞江河；水之势胜火，一勺不能救一车之薪。”[6] 因此，《文子》认为要治理好国家单靠君主一人的力量是不够的，明君应该“以天下之目视，以天下之耳听，以天下之心虑，以天下之力争”[7]，即善于假借臣下的力量来成就自己的事业，使臣下各尽所能。这也是笼络人心的好办法，可以满足他们发挥自身才能的愿望，即谓：“举事以为人者，众助之，以自为者，众去之，众之所动，虽弱必强，众之所去，虽大必亡。”[8]

其二，要善于纳谏，不信谗言。《文子》认为君主应该广开言路，抛开等级门第之偏见，凡是于治国有益的意见都应采纳，即“使言之而是，虽商夫刍荛，犹不可弃

---

①②③⑦《文子·上仁》
④《文子·微明》
⑤⑧《文子·上义》
⑥《文子·上德》

也，言之而非，虽在人君卿相，犹不可用也。是非之处，不可以贵贱尊卑论也。其计可用，不差其位，其言可行，不贵其辩”①。《文子》认为，这样做可以使“号令能下究，而臣情得上闻，百官修达，群臣辐辏”②，最终可以达到“贤者尽其智，不肖者竭其力，近者安其性，远者怀其德”③的理想的用人状态。倘若亲习邪枉，疏远卑贱，“有言者，穷之以辞；有谏者，诛之以罪”，则“离聪明亦以远矣”④。

其三，要循名责实，正确赏罚。《文子》所说的“循名责实”指的是根据“有一功者处一位，有一能者服一事”⑤的原则设定各种官职，明确分工。通过分工，落实责任，君主再根据官吏的所作所为，进行赏罚。因为“福之起也绵绵，祸之生也纷纷。祸福之数微而不可见，圣人见其始终，故不可不察”⑥，所以赏罚是必要的。但是，在赏罚的过程中应注意一个标准问题，那就是不能以一己之私而应以国家利益为标准，即“明主之赏罚，非以为己，以为国也，适于己而无功于国者，不施赏焉，逆于己而便于国者，不加罚焉”⑦。这样，通过循名责实、正确赏罚，便可使得“工无异伎，士无兼官，各守其职，不得相干，人得所宜，物得所安”⑧。

其四，要改革制度。《文子》洞察物极必反的道理，认为只有根据变化了的客观情况，及时调整各种制度，革除其中的弊端，才能使国家不至于走下坡路，即“天地之道，极则反，益则损。故圣人治弊而改制，事终而更为，其美在和，其失在权”⑨，《文子》的这一主张反映了黄老学由法天地到法制度转变的趋势。

从以上四点我们可以看出，《文子》将君主置于统御的地位，不是让其亲力亲为，而是让其秉承“道”之“无为而无不为”的品性，以君的“无为”来引导臣之“有为”。《文子》视野中的明君所起到的主要是提纲挈领，从宏观上监督管理的作用，即谓：“王道者，处无为之事，行不言之教，清静而不动，一度而不摇，因循任下，责

①②③④《文子·上仁》
⑤《文子·自然》
⑥⑦《文子·微明》
⑧《文子·下德》
⑨《文子·上礼》

成而不劳。"①

(三)顺民之性，因民之欲

国家治理的好坏，不仅有赖于君主自身的素质以及君臣关系，还与君民关系相关涉。《文子》将民众视作国家的根本，认为其直接关乎政权的稳定，即谓："人主之有民，犹城中之有基，木之有根，根深即本固，基厚即上安。"② 它从"无为而治"的治国方针出发，主张顺民之性、因民之欲而不扰民。即谓："君子之道，静以修身，俭以养生。静即下不扰，下不扰即民不怨，下扰即政乱，民怨即德薄。政乱贤者不为谋，德薄勇者不为斗。"③ 即君主不应过多地干涉百姓，而应该顺其性而治，"使各便其性，安其居，处其宜，为其所能，周其所适，施其所宜，如此即万物一齐，无由相过"④，这样便可"乘时势，因民欲，而天下服"⑤。要达到这个目标，《文子》认为应从以下三个方面入手：

其一，减少苛政刑罚。这是顺民之性、因民之欲而不扰民的最低要求。《文子》认为"位高者，事不可以烦，民众者，教不可以苛。事烦难治，法苛难行，求多难赡"⑥。如果设定太多的条条框框限制民众、太多的严刑酷法随时准备惩罚民众，那么不仅不能治理混乱，而且只能是越治越乱，即"法烦刑峻即民生诈，上多事则下多态，求多即得寡，禁多即胜少，以事生事，又以事止事，譬犹扬火而使无焚也；以智生患，又以智备之，譬犹挠水而欲求其清也"⑦。在《文子》看来，真正明智的做法是赏罚得当，掌握好度，既不滥施刑罚，又能起到警诫作用。即："善赏者，费少而劝多；善罚者，刑省而奸禁；善与者，用约而为德；善取者，入多而无怨。故圣人因民之所喜以劝善，因民之所憎以禁奸，赏一人而天下趋之，罚一人而天下畏之。是以至

---

①④《文子·自然》
②《文子·上义》
③⑥《文子·上仁》
⑤《文子·下德》
⑦《文子·道德》

赏不费，至刑不滥，圣人守约而治广，此之谓也。”① 这样便可达到“官府若无事，朝廷若无人，无隐士，无逸民，无劳役，无冤刑，天下莫不仰上之德”② 的理想状态。

其二，养民，利民，富民。这是对君主提出的更进一步的要求。“治国有常，而利民为本。”③ 为了使民众衣食无忧，安居乐业以巩固政权，《文子》认为君主对民众首先应“使之以时而敬慎之，如临深渊，如履薄冰”④。其次，还要引导人民因地制宜、采取正确的生产方法，即“其导民也，水处者渔，林处者采，谷处者牧，陵处者田，地宜事，事宜其械，械宜其材”⑤“草木未落，斤斧不得入于山林，昆虫未蛰，不得以火田。育孕不杀，鷇卵不探，鱼不长尺勿得取，犬豕不期年不得食”⑥。《文子》的这些观点包含着注重生态平衡的思想。这样，上因天时、下尽地理、中用人力之后，便能促进生产的发展，解决人民的温饱问题，“是以群生以长，万物蕃殖，春伐枯槁，夏收百果，秋畜蔬食，冬取薪蒸，以为民资，生无乏用，死无传尸”⑦。最后，君主还要节制自己的欲望，爱惜民众的劳动果实，不应无节制地向百姓索取。它说：“古之明君，取下有节，自养有度，必计岁而收，量民积聚，知有余不足之数，然后取奉，如此，即得承所受于天地，而离于饥寒之患。”⑧

其三，爱民，与民同乐。这是处理君民关系所要达到的最高境界。《文子》深谙得民心的重要性，它说：“所谓得天下者，非谓其履势位，称尊号，言其运天下心，得天下力也；有南面之名，无一人之誉，此失天下也。”⑨《文子》认为，要想得民力、得民誉，君主就要与民同欲、与民同念，即要爱民，“用众人之所爱，则得众人之力，举众人之所喜，则得众人之心”⑩。它赞赏能与民同苦乐的明君，而批评与之背道而驰的“暗主”。即谓：“古者明君……国有饥者，食不重味，民有寒者，冬不被裘，

---

①《文子・上义》
②《文子・精诚》
③《淮南子・氾论训》
④⑥⑦⑧《文子・上仁》
⑤《文子・自然》
⑨《文子・下德》
⑩《文子・微明》

与民同苦乐，即天下无哀民。暗主即不然，取民不裁其力，求下不量其积；男女不得耕织之业，以供上求，力勤财尽，有旦无暮，君臣相疾。且人之为生也，一人跖耒而耕，不益十亩，中田之收不过四石，妻子老弱仰之而食，或时有灾害之患，无以供上求，即人主悯之矣。贪主暴君，涸渔其下，以适无极之欲，则百姓不被天和履地德矣。"①

(四) 因自然、人性而立法

《文子》吸收了法家的法治思想，将法看作是君主约束自身，驾驭臣下，治理百姓的客观尺度，即"夫法者，天下之准绳也，人主之度量也"②。同时，它还赞成法家应时权变、与时俱进的思想，主张应根据变化了的客观形势不断调整法律，使之与时势相契合，即"圣人者，应时权变，见形施宜，世异则事变，时移则俗易，论世立法，随时举事。上古之王，法度不同，非古相反也，时务异也，是故不法其已成之法，而法其所以为法者，与化推移"③。但是，《文子》的法治思想与法家的法治又有很大不同，它继承了道家崇尚个性自由、关注生命质量的品性，力图以道来统领法，以道之无为来消解法家漠视人性、冷酷、机械的弊端。其特色主要表现在以下三个方面：

其一，《文子》从天道自然无为的原则出发，认为"法非从天下也，非从地出也，发乎人间，反己自正"④，因此，它主张依照人的本性来制定法律。即谓："以道治天下，非易人性也，因其所有而条畅之，故因即大，作即小。古之渎水者，因水之流也，生稼者，因地之宜也；征伐者，因民之欲也，能因则无敌于天下矣。物必有自然而后人事有治也，故先王之制法，因民之性而为之节文。"⑤ 如此立法，有法似无法，正符合无为政治的要求。

其二，《文子》主张所立法律应该简易，刑罚应当宽平。它认为法律贵在能因自

①《文子·上仁》
②④《文子·上义》
③《文子·道德》
⑤《文子·自然》

然、合人情，以静制动，以少御多，“故有道以理之，法虽少，足以治，无道以理之，法虽众，足以乱”①。此外，它还吸收了儒家“己所不欲，勿施于人”的“恕”的原则，提出“人主之制法也，先以自为检式”② 的主张。

其三，在执法方面，《文子》提出了“法生于义”的观点，强调执法中要公正无私、不徇私情。司法公允的具体表现就是：“法定之后，中绳者赏，缺绳者诛，虽尊贵者不轻其赏，卑贱者不重其刑；犯法者，虽贤必诛，中度者，虽不肖无罪，是故公道而行，私欲塞也。”③ 在实际操作中若要做到司法公允，《文子》认为要注意两点：一方面，君主应“进退应时，动静循理。美丑不好憎，赏罚不喜怒”④，即要贯彻清静无为、因循自然的原则，守清静，循事理，屏除个人好恶。倘若君主在执法的过程中受到个人情感的干扰，则会影响司法的公正，即“人主好仁，即无功者赏，有罪者释；好刑，即有功者废，无罪者及”⑤。另一方面，要任官得人。因为法令是人制定的，要依靠具体的人去执行，如果任人不当，则法律就很难发挥其应有的作用，“今使不肖临贤，虽严刑不能禁其奸”⑥。因此，《文子》主张“无德不尊，无能不官”⑦。

可见，《文子》的法与法家的“法”有很大不同，法家以法为核心，而《文子》的法则是以“道”为统领，将人置于法律的核心位置，尊重人性，具有民本主义的色彩。其法治思想德治法治兼而用之，是道、法、儒整合的产物，体现了那个时代百家融合的思想脉络。

三、中华优秀传统文化对涵养友善社会风气的价值

“友善”是社会主义核心价值观在个人层面对我国公民提出的要求。在社会交往领域，“友善”主要指的是人们在待人接物的过程中基于善意所表现出来的友好、和

---

①⑦《文子・上仁》
②③《文子・上义》
④《文子・自然》
⑤《文子・道德》
⑥《文子・上礼》

善、互助的态度和行为方式。近年来，我国社会呈现出“友善”弱化的态势，这一方面表现为人际冷漠的蔓延，面对他人的困境选择袖手旁观的事情频发；另一方面表现为社会戾气的滋生，为一点蝇头小利或者沟通不畅便起争端的事件常见。此外，为了个人私利而利用社会和他人友善，让施善者反受伤害的事情也屡见不鲜。可以说，“友善”被列为社会主义核心价值观之一，反映了我国社会深刻变革背景下公民道德建设的迫切要求。友善社会风气的涵养离不开中华优秀传统文化的滋养，中华优秀传统文化是涵养社会主义核心价值观的重要源泉，正如中共中央《关于培育和践行社会主义核心价值观的意见》所指出的那样：要“发挥优秀传统文化怡情养志、涵育文明的重要作用”，要“加强对优秀传统文化思想价值的挖掘，梳理和萃取”。儒学是中华传统文化的主干，本节以儒学奠基时期最重要的三部经典《论语》《孟子》《荀子》为例，来阐释中华优秀传统文化对涵养友善社会风气的价值。

(一)“友善”社会风气的涵育路径论析——以《论语》所倡导的价值理念为借鉴

本节从内在情感根基、外在规范保障和实施友善的方式方法三个层面对《论语》所蕴含的有助于当代中国涵育“友善”社会风气的思想因素做一番探索梳理，试图发掘《论语》的相关理念对涵育社会主义核心价值观的新价值。

1. 奠立激发“友善”的情感根基

人作为有丰富情感与复杂心理活动的存在，在待人接物的过程中所展现出来的友好、和善、互助等行为方式必然有其“内在”情感做依托，必然与当事人的心理与情感状态密切相关。因而，如果要培育友善价值观，营造友善风气，就不能仅仅关注人的“行为”层面，不能仅仅停留于对人们“应该”干什么、“不应该”干什么的简单说教，而应该进一步深入“行为”背后，去探索“什么样的内在情感心理状态”能够引发人的友善行为，进而又是“什么因素促使人产生那样的情感心理状态”。对这些问题有了深入了解之后，对人行为的限制或引导才会有的放矢，才有可能让人们自觉自愿地去实施友善行为，从而达到既治标又治本的效果。

关于激发“友善”这种利他行为的情感心理动因，社会心理学界已有不少研究，形成了诸多理论，其中有一种较为通行的理论认为，“共情”是激起人产生利他行为的重要心理动因。所谓“共情”，即因目睹他人痛楚，而产生的同情、怜悯之情。“当我们感到我们与某人有所关联时，我们就会产生共情。”① 当“共情”产生时，相较于自身的痛苦，人们会更多地关注陷入困境中的他人的痛苦，“真正的同情和怜悯会驱使我们为了别人的切身利益而帮助他们”②。如何来激发“共情”？关键是要找到一个社会群体中人与人之间的“情感共同点”。不同的民族文化背景，造就了不同的民族心理，不同的民族心理就使得不同民族的情感共同点有所差异。对于中华民族来说，在历史上长期担当维系人际关系的情感共同点便是“血缘亲情”。

“血缘亲情”这一情感共同点的形成，主要是受到了农耕文明与儒家文化的双重影响。一方面，就农耕文明来说，农业生产对大家庭的协同合作要求较高，家庭关系的稳定和睦也因而成为维系生产和生活的重要保障，这就使得人们比较看重家庭，依赖亲情，“家国同构”的模式进而成为中国传统社会政治运行的基本模式；另一方面，就儒家文化来看，儒学也特别看重血缘亲情，尤其推崇孝悌之道。儒学作为中华传统文化的主干，在漫长的古代社会，受学于庠序，流布于民间，上行下效，对中国人的精神世界产生了深刻影响，在儒学的熏陶和浸染下，重家庭、重亲情获得了传统中国人的普遍认可。这样，在生产方式、政治结构以及文化氛围等多重因素的影响下，血缘亲情成为维系中华民族人与人关系的“情感共同点”也就成了顺理成章的事情。在当代中国，要在全社会涵育友善之风，激发人们友善互助的行为，就要善于运用“血缘亲情”这一历史形成的情感共同点。诚然，我们今天所倡导的“友善”，人们对它的期待主要不是指向家庭中的私人关系，而是指向更大的范围，即指向公共社会中更

① [美] 戴维·迈尔斯著，侯玉波等译：《社会心理学》(第8版)，北京：人民邮电出版社，2008年，第359页。
② 同上，第360页。

广泛的人与人之间的关系。儒家的理念实际上与此并不抵牾，尽管《论语》推崇血亲之爱，但如果《论语》所推崇的以孝悌为主要内容的血亲之爱，其波及的范围仅局限于家庭内部，那么显然这种血亲之爱还不足以成为维系人与人之间友善关系的纽带。事实上，《论语》对血亲之爱的论述和期待显然已经明显超越了家庭这个相对狭小的范围。例如，《论语·学而》篇讲道："其为人也孝悌，而好犯上者，鲜矣；不好犯上，而好作乱者，未之有也。君子务本，本立而道生。孝弟也者，其为仁之本与。"可见，"孝悌"并非最终目的，它起到的只是"根本"的作用，儒家期待由此"根本"出发来安顿整个社会秩序，使人不犯上、不作乱，即"本立而道生"。再如，《学而》篇又讲："弟子，入则孝，出则悌，谨而信，泛爱众，而亲仁。"《论语·颜渊》篇亦记载："樊迟问仁，子曰：爱人。"可见，《论语》所倡导的血亲之爱最终导向了"泛爱众"，这种"泛爱"不是抽象的，而是从血缘亲情出发，层层外推，有根据、可操作的"泛爱"。孔子及其所代表的儒家学派希图通过血亲之爱这个情感共同点来激发人的同情心和同理心，引导人们将心比心、推己及人，把爱播撒到更大范围，因而可以说，"孝爱既非私爱，亦非抽象泛爱，而是以亲亲为源的不忍人之爱，可外溢的爱。它的运作方向朝向'公共之善'，也就是将他人（当然首先是父母亲）的善当作我的善来追求，因此它同时是正义的和慷慨的"①。

从《论语》开始，重视孝悌，以血亲之爱作为仁爱的根本，"亲亲而仁民，仁民而爱物"便成为历代儒家的一贯主张。在道德方面，《论语》所奠立的这种由血缘亲情所生发出的仁爱，有一个很大的优点在于：仁爱是非功利的。就这一点来说，它实际上非常接近亚里士多德所讲的"善的友爱"。在《尼各马可伦理学》中，亚里士多德将友爱分为三种：有用的友爱、快乐的友爱和善的友爱。在亚里士多德看来，"有用的友爱"和"快乐的友爱"都因实用性的目的而发生，因而是自私的、易变的、不持久的；亚里士多德认为只有"善的友爱"不是为了利益或快乐，而是由衷地希望对方好，因而它是最好的友爱，最稳定，最持久，最有资格被视为友爱本身②。在这个意义上，

---

① 张祥龙：《对亲子关系的哲理讨论的说明和阐发》，《文史哲》，2015 年第 4 期。

② ［古希腊］亚里士多德著，廖申白译注：《尼各马可伦理学》，北京：商务印书馆，2003 年，第 231 - 234 页。

儒家的仁爱可以被视为有中国传统特色的“善的友爱”。在儒家的视野中，道德是人之为人的根据，因而对别人施以仁爱的目的并不是为了获得回报，而仅仅出于自身做人的良知和道义。

总之，正是因为《论语》所倡导的血亲之爱最终导向了广泛性和非功利性的仁爱，所以它能够成为当代中国所倡导的“友善”的思想渊源。历史事实也证明，儒家通过血缘亲情这一情感共同点所建构的仁爱网络，在传统社会对维系人际关系和促进社会和谐确实发挥了积极作用。在当代，孝道的衰落已经成为不争的事实，引起了社会各界的反思，儒家孝悌之道的价值也因此被一再提起。但是目前反思的聚焦点主要集中在孝道之于家庭伦理或养老敬老的意义，而对于因孝道失落所引发的一些超越家庭领域的、更大范围的危机还没有被充分认识到。其中一种值得注意的重大危机便是当代中国社会人际关系的冷漠与异化，这种冷漠、异化与传统孝悌之道的衰落之间存在密切关系。尽管在当代中国，农业生产已经不再是我们的主要生产方式，家国同构也不复为我们的政治结构，儒家文化也不再具有支配地位，但是历史的惯性和影响仍然在，就重家庭、重亲情这一道德品质本身来看，它仍然是值得我们倡导的传统美德。况且，就目前中国人精神世界的状况来看，在人际交往领域也没有形成能够完全取代“血缘亲情”，能够对全民族产生感召力的新的情感共同点，在这种情况下，如果我们民族原有的情感共同点被遮蔽和淡化的话，如果人们对自己亲人、父母的顾惜心都衰减了的话，那很自然地就会引发一系列的连锁反应，人们在情感方面对其他人感同身受的能力也必然会随之弱化，进而便有可能带来整个社会人际关系的冷淡和麻木。而“友善”价值观的培育，其目的恰是要遏制目前社会人际关系冷漠和异化的趋势，还社会以温情和互助。而要想达到这个目的，要想既治标又治本，在中国这个社会环境下，就很有必要回到那个支撑了中华民族数千年的“情感共同点”上，即高扬亲情、重振孝道，以此入手在全社会培育友善之风。这就意味着我们必然要重新观照以《论语》为代表的儒家传统，因为重亲情、重孝道、“立爱自亲始”的理念就是从《论语》开始奠定的。

2. 构建可以保障“友善”的社会规范

从广义上来说，社会规范是指在一定社会文化基础上形成，在社会化的过程中发展起来，被社会群体中的成员所普遍理解和认同的标准、准则，它既包括伦理道德规范、风俗习惯等，也包括更具强制力的法律、法规、制度等。个人的生存与发展离不开他人与社会，“人的本质不是单个人所固有的抽象物，在其现实性上，它是一切社会关系的总和”①。要使得由形形色色的人，由复杂社会关系构成的社会网络有序运转，就离不开社会规范的调节。社会规范作为一种外在于人，能够保障社会和谐运转，具有社会控制力的强制性力量，对人的影响是巨大的，能让生活在其中的人受到约束，从而或被动或自觉地遵从，进而修正自身的价值判断和行为。

在《论语》中，与社会规范相类同的概念便是“礼”。“礼”是儒家所理想的社会风俗制度和伦理秩序的具化。孔子十分重视“礼”，他认为“博学于文，约之以礼，亦可以弗畔矣夫”②。他把春秋时期社会混乱的局面归结于礼崩乐坏，从而致力于在因、革、损、益的基础上恢复“周礼”，崇“礼”、尚“礼”可以说是孔子乃至整个儒家的鲜明特色。但是需要指出的一点是，孔子所谈论的“礼”是与“仁”密切结合的“礼”，是用来表达“仁”的方式，“仁”即道德才是“礼”的精神实质。孔子希图通过“礼”来规范人的行为，让人识礼、知礼，依礼而行，从而培养道德高尚的人，进而在道德高尚的人的推动下，去建构道德社会。

具体来说，如何把“礼”落到实处，让人接受“礼”，进而自觉地去践行“礼”呢？对此，《论语》所提供的主要路径是“学”和“教”。孔子认为“性相近也，习相远也”③，即后天的习得不同会使人的品质参差不齐，因而“学”和“教”具有必要性；孔子又认为“唯上知与下愚不移”④，即除了特别聪明的天才和特别愚笨的人之

① 《关于费尔巴哈的提纲》，《马克思恩格斯选集》（第一卷），北京：人民出版社，1995 年，第60 页。
② 《论语·雍也》
③④ 《论语·阳货》

外，都可以通过教育来改变，因而“学”和“教”亦具有可能性。在孔子的视野中，“学”和“教”的内容首先是人伦道德，即“弟子，入则孝，出则悌，谨而信，泛爱众，而亲仁。行有余力，则以学文”①，也就是说，学习文献等具体知识是在修养好道德的前提下，行有余力的时候才去做的事情。而学习的方式，在孔子看来那就是要在人伦日用的社会实践中去学，《论语》开篇即曰：“学而时习之，不亦说乎？”②这里的“习”指的并不是我们通常意义上的复习，而是具有实践意味的实习、练习、演习。正如《论语》所讲：“贤贤易色；事父母，能竭其力；事君，能致其身；与朋友交，言而有信。虽曰未学，吾必谓之学矣。”③也就是说，如果能在实践中落实道德规范的要求，即使没有正式系统地跟随老师学习过，在儒者看来也已经是学得很好了。荀子曾对《论语》提出的这种理念做了具体阐发，区分了“君子之学”与“小人之学”。荀子说：“君子之学也，入乎耳，箸乎心，布乎四体，形乎动静……小人之学也，入乎耳，出乎口。口耳之间则四寸耳，曷以美七尺之躯哉！”④即内化于心、落实于行动上的“学”才是“君子之学”，如果“学”只是为了脱口去卖弄，那就是“小人之学”。儒家所提倡的显然是落实于实践的“君子之学”，所鄙斥的是停留于口耳之间的“小人之学”。

《论语》的上述理念，对当代涵育友善社会风气的启示主要表现在两个方面：

其一，《论语》强调“礼”对人的塑造作用，启示我们要重视社会规范对人的思想和行为的约束和引导作用，要重视通过社会规范来建构社会成员内心的道德秩序。尤其在当今这个社会结构的快速转型期，旧有礼法秩序退出了当代人的生活，新的社会规范体系的建构有必要及时跟上，否则便有可能产生社会现代化与规范现代化的严重脱节，进而必然会带来各种社会失范现象。因而，对当代中国来说，对现有社会规范体系进行全面的审视、反思和建构是十分必要的。具体到“友善”社会风气的涵育来看，社会规范“规定了我们生活中适宜的行为和应尽的义务”⑤，很多时候，当事人

---

①②③《论语·学而》

④《荀子·劝学》

⑤［美］戴维·迈尔斯著，侯玉波等译：《社会心理学》（第 8 版），北京：人民邮电出版社，2008 年，第 354 页。

做出友善行为恰是因为社会规范告诉他应当这样做，或者是社会规范激励他这样做。在当下中国社会，很多人并不是没有友善之心，并不是不愿意施行友善行为，而是担心好人没好报，担心因为自己的友善行为给自己带来不必要的麻烦或损失。例如，前几年发生的“南京彭宇案”便在社会上引发了“老人摔倒该不该扶”的旷日持久的讨论。如果类似的事情一再发生的话，便会对友善的社会风气造成极大的伤害，产生恶劣的示范效应，导致人们不敢、不愿轻易伸出友善之手。倘若能够通过政策、法制法规建设等，一方面加大对友善有贡献者的奖励力度，从而调动遵守规范者的积极性；另一方面加大对失范者的惩处力度，以国家强制力做保证尽力断绝失范者因失范行为而获益的可能性，则可以为友善行为提供保障，为友善社会风气的形成提供助力。

其二，《论语》德育优先，重视人伦日用，重视实效的教化理念与思路，启示当代中国在涵育友善社会风气时，一方面应充分发挥学校的德育作用，在学生阶段这一价值观形成的关键时期有所作为；另一方面要在人民群众真实的社会生活中涵育友善价值观，在人们的日常实践中落细、落小、落实友善价值观，这样才有可能产生实际的社会意义。目前，相关部门以及学界已经开始着手探索把社会主义核心价值观融入群众生活的多种形式，党中央对学校的德育工作也越来越重视，早在2014年5月教育部便发出了“把培育和践行社会主义核心价值观融入国民教育全过程”的号召。但是必须承认，长期以来我国教育界已经形成了重知识、重技能、轻德育的不良风气，要想扭转这一局面，还须下一番功夫。习近平总书记在全国高校思想政治工作会议上强调：“要坚持把立德树人作为中心环节，把思想政治工作贯穿教育教学全过程，实现全程育人、全方位育人……不断提升学生的思想水平、政治觉悟、道德品质、文化素养，让学生成为德才兼备、全面发展的人才……引导广大教师以德立身、以德立学、以德施教。”可以说，习近平总书记的这一重要讲话以及随之应运而生的“课程思政”的德育思路与从《论语》开始便奠立的中国传统教育理念是一脉相承的。

总之，《论语》强调人的可塑性，重视“礼”对人的规范、引导作用，主张通过

“教”和“学”的方式把“礼”内化于人心中，在“教”和“学”的过程中，贯彻的是德育优先、重视人伦日用、重视实效的思路。在当前形势下，《论语》的这些理念可以从社会规范建构层面为当代中国涵育友善社会风气乃至落实整套社会主义核心价值观提供思想资源和方法借鉴。

3. 施行友善的方式方法

“友善”理念只有转化为现实生活中人们普遍的友善行为时才能最终汇聚成“友善”的社会风气。在具体指导人们的友善行为方面，《论语》所提出的“忠恕之道”与“中庸之道”等处世原则可以为当代社会提供有益思路。

其一，忠恕之道。

“忠恕之道”在《论语》中被曾子称为孔子的“一以贯之”之道，曾子曰：“夫子之道，忠恕而已矣。”[①] 关于“忠恕之道”的内容，一般被表述为“己欲立而立人，己欲达而达人”[②] 和“己所不欲，勿施于人”[③]。关于“忠”与“恕”的关系，学界有一定的争议，主流观点是将“忠”与“恕”理解为并列关系，认为“己欲立则立人，己欲达则达人”和“己所不欲，勿施于人”分别是忠恕之道的两个方面，前者是“忠”，后者是“恕”；除此之外，还有学者从内外、体用等层面来解释“忠恕之道”，认为“忠”代表内心的一种真诚、尽心的道德情感和状态，“恕”即孔子所讲的“其恕乎！ 己所不欲，勿施于人”[④]。虽然对于忠恕之间的关系，学界有不同看法，但将“己欲立而立人，己欲达而达人”“己所不欲，勿施于人”视为儒家施行仁爱的重要方法，却没有异议。孔子评价“己欲立而立人，己欲达而达人”为“能近取譬，可谓仁之方也已”；称“己所不欲，勿施于人”是“可以终身行之”之言[⑥]。这两句话作为个人道德修养方式以及人际交往的道德要求，受到历代儒者

①《论语·里仁》
②⑤《论语·雍也》
③《论语·颜渊》
④⑥《论语·卫灵公》

的重视。

“己欲立则立人，己欲达则达人”“己所不欲，勿施于人”，这种将心比心、推己及人的思维方式所彰显的不是自我利益与价值，而是强调对他人的理解以及对自我的节制。它要求人们在人际交往中，首先要承认交往对象与自身有类似的情感、欲求，进而要体谅对方的情感、欲求，在此基础上再进一步调整自身对待他人的行为，对自己不能接受的就不要强加于别人，即“己所不欲，勿施于人”。而且因为感同身受地体会到了他人情感、欲求的迫切性，所以在有能力的情况下还要帮助对方，即“己欲立则立人，己欲达则达人”。

在人际交往的心态上，“己欲立则立人，己欲达则达人”“己所不欲，勿施于人”体现了同情他人、尊重他人以及宽容他人的精神，同情、尊重、宽容的心态一旦具备，友善的态度和行为也就自然而然地形成了；在人际交往方式上，“己欲立则立人，己欲达则达人”“己所不欲，勿施于人”提供给人们的是一种人际交往的简便方式，当个体在人际交往中面临复杂、不确定的情景下，它可以提醒个体进行换位思考，帮助个体简化决策过程，迅速理解对方，从而大大降低矛盾激化的可能性。可以说，无论社会如何变迁，同情、尊重、宽容、将心比心、推己及人都是协调人际关系、促进社会良性运转的润滑剂，这也是《论语》所倡导的忠恕之道在人际交往方面所具有的超越时空的隽永价值之所在。

其二，中庸之道。

“中庸”的概念首现于《论语》，在《论语》中，孔子称“中庸”为至德，即谓：“中庸之为德也，其至矣乎！民鲜久矣。”① 在孔子之前，中华文化中已有“中”的观念，《尚书》中即有“汝分猷念以相从，各设中于乃心”② 的训词，教导群臣怀中正之心以和谐相处，《易经》“中”的理念亦很突出；孔子之后，“中庸”又经由子思、孟子、董仲舒、朱熹等诸多大儒的继承发展，内涵日益丰富。

---

①《论语·雍也》
②《尚书·商书·盘庚中》

纵观历代儒者对“中庸”的注解，有两点得到普遍认可：一是从适度、恰到好处的层面去理解中庸。例如，朱熹在《中庸章句》标题下注曰：“中者，不偏不倚，无过不及之名。”杨伯峻在《论语译注》中亦将之解释为“最合理而至当不移”。二是从圆融和谐的角度去理解中庸。例如，《中庸》曰：“中也者，天下之大本也；和也者，天下之达道也。致中和，天地位焉，万物育焉。”更有不少学者将“中”与“和”互训，例如，皇侃在《论语义疏》曰：“中，中和也。”邢昺在《论语注疏》亦云：“中，谓中和。”

就“恰到好处”的层面来看，如何调整思想和行为，使之达到恰到好处的效果，这是儒者所深入思考的问题。在这方面，《论语》的主要应对策略可以概括为“时”和“权”。“时”可引申为“机遇”“时机”等意，知“时”即对周遭的情况有准确的判断。在此基础上，接着要做的便是“权”。“权”本义是秤砣，要想准确地称出重量，秤砣必须在秤杆上来回调节才能找到平衡之点，后来“权”就引申为权变之权，即能够根据不断变化的客观情况灵活处理问题。《论语·子罕》高度评价了“权”，即谓：“可与共学，未可与适道；可与适道，未可与立；可与立，未可与权。”

“时”与“权”是表征事物变动性的范畴，据“时”以“权”变，是达到“恰到好处”之中庸境界的关键。因为新事物、新状况层出不穷，社会规范往往滞后于社会现实和具体情况，具有非同步性，如果不知变通，只会机械、教条地去为人处世便不可能达到“恰到好处”的境界。况且，在不同的情景下，各种道德原则和规范也有轻重缓急之分，有时还会产生冲突和矛盾，这时就更有必要进行权衡和选择，如果固执死理，表面上看似是坚持原则了，实际上却很可能“举一而废百”，造成恶果，即谓：“权，然后知轻重，度，然后知长短”①“执中无权，犹执一也。所恶执一者，为其贼道也，举一而废百也”②。需要强调的一点是，“权”变绝非无原则地随意变通，而是基于道义与理性，针对特定情景所做出的道德判断。这正如《论语·里仁》所说：“君子之于天下也，无适也，无莫也，义之与比。”一切被儒家所认可的，看似随

①《孟子·梁惠王上》
②《孟子·尽心上》

"时"而变通的行为，背后其实都有不变的道义做支撑。

中庸所包含的"时"与"权"的理念，对当代中国涵育友善的社会风气具有较大意义。从情感层面来看，倡导"友善"即要在社会中构建互助与温暖的人际关系，而我们在处理与他人有关的具体问题时，如果能够抓住所处理问题的实质，并根据实际情况调整为人处世的策略和工作方式，以人为本，便有助于增进这种温情，也更有可能给对方提供切实的帮助。但是目前，在我国社会生活中，这方面的伦理状况并不理想，尤其是在公职人员为群众办理事务时体现得更为明显。例如，因为银行坚持"修改银行密码，必须本人亲自办理"的规定，重病老人不得不被 120 急救车送到银行，并被担架抬进营业大厅，才最终完成了按指印这道程序①。在重大交通事故救援的过程中，120 救护车上的医生因急于出诊忘了带钱，而收费站坚持"120 车不属于免费车辆"，致使救护车因为过路费的问题而在收费站耽误了大量时间②。近年来，类似的"制度性冷漠"的事例常见报道，常被群众议论。制度性冷漠的背后是人心冷漠，毫无疑问。规章制度是必要的，是维持社会井然有序的重要保障，但是尽管如此，办事人员也同时应该谨记规章制度制定的初衷是为了更好地服务于人民群众，规章制度绝不应该成为人情冷漠和道德责任缺失的借口与遁词。"君子之中庸也，君子而时中"③，相"时"而动，随"时"而中，不拘泥，不教条，是智慧的标志和君子正确行事的前提。把握"时"，在道义基础上灵活"权"变，在执行制度的过程中别忘了用人性的温暖去焐热冷冰冰的制度，既尊重制度，又能以人为本，具体问题具体分析，这样不仅能让群众满意，也会进而带动整个社会形成关爱与互助的友善风气。

从"圆融和谐"层面来考察"中庸"，值得强调的一点是，《论语》中的"和"不是庸俗的调和主义，不是不同因素的简单相加，而是各种因素在一定原则指导下的有主有次、搭配得当、相得益彰的协调，是包含多样性的统一。孔子把不讲原则、一团和气称为"同"，在孔子看来，作为"中庸"内涵的"和"，其与"同"有着天壤之别，

---

①《重置密码须本人到，病重老人被抬进银行》，《华商报》，2013 年 10 月 14 日 A4 版。
②《急救车因 15 元费用在收费站耽搁 33 分钟》，《新文化报》，2013 年 1 月 13 日 A6 版。
③《中庸》

孔子曰“君子和而不同，小人同而不和”[1]“君子周而不比，小人比而不周”[2]，朱熹的《论语集注》进一步注解曰：“和者，无乖戾之心。同者，有阿比之意。”《论语》所记载的孔子这些“和”的理念，强调了对立面协调共处的必要性，包含着对差异性和多样性的尊重；同时，这也体现了一种整体性思维，“中和”是动态和谐、整体性和谐。这些理念对于当代涵育友善社会风气十分必要，首先，“和而不同”的思想理念有助于开阔人的心胸，培养人兼容并包的气度以及容人的雅量。这对促进人际关系良性发展至关重要，因为人与人脾气禀性不同，经济状况、文化层次、思想格局也各有差异，只有具备容忍差异、分歧甚至对立的能力，才能在日常生活中做到与不同的人友好相处，才能进一步在对立分歧中求得沟通、协调，进而获得和谐。其次，动态和谐、整体和谐的理念，可以帮助人们在进行交往决策时以一种辩证的、长程的思维方式去考虑问题，有助于引导人们从更高的层次去看待自身在人际交往中所遇到的矛盾纷争，从而跳出不良情绪的困扰，进而调整自身行为。很多因蝇头小利便起争端甚至大打出手等伤害友善的行为往往就是因为当事人在这方面能力欠缺。此外，伴随现代化而来的是工具理性、实用主义的盛行，人们变得越来越功利，越来越以自我为中心，这种心态在与他人利益发生冲突时，便会过于强调个人权利而不愿意适度让步，这也是造成当代社会友善风气弱化的一个重要原因。在这种情况下，重提《论语》所倡导的中庸理念，毫无疑问便具有了纠偏的作用，是十分必要的。

（二）社会心理为视域下孟子哲学涵育“友善”社会风气的伦理价值

孟子是儒学的代表人物，而就目前学界关于友善价值观研究的成果来看，尚鲜见从心理与情感层面探索友善价值观的培育路径，并借此在孟子哲学中发掘友善资源的研究成果。本节拟结合社会心理学的相关理论以及中国道德治理的现实需要，从激发

---

①《论语·子路》
②《论语·为政》

友善的心理动因、落实友善的心理助力、营造友善施行的心理环境三个方面对孟子哲学所蕴含的有助于培育“友善”价值观的思想因素做一番探索梳理，力图赋予传统命题以新的诠释。

1. 恻隐之心——激发友善的心理动因

“友善”是对人怀有“善意”和施行“善举”的统一，其中，“善意”是基础，真正的“善举”需要在“善意”的驱动下才能够发生，没有“善意”的“善举”难免流于虚伪。那么，在待人接物的过程中，又是什么激发我们萌发了“善意”，即促使“善意”发生的原初动因是什么呢？对此，孟子给出的答案就是“恻隐之心”。

关于“恻隐之心”，孟子主要结合两个事例进行了描述，一个是“孺子入井”的事例，另一个是“以羊易牛”的事例。“孺子入井”出自《孟子·公孙丑上》，孟子曰：“今人乍见孺子将入于井，皆有怵惕恻隐之心，非所以内交于孺子之父母也，非所以要誉于乡党朋友也，非恶其声而然也。”也就是说，当看到小孩子要掉进井里的一刹那，看到的人都会本能地生发出担心孩子掉下去的心情。孟子认为这种担心并不是因为想与孩子的父母拉关系，并不是为了在乡党朋友中博得好名声，也不是因为厌恶小孩惊恐的叫声，在孟子看来，“乍见”的一刹那还来不及进行这些利益方面的考虑，这种对孩子的担心，只是纯粹地出于同情怜悯，孟子认为这就是“恻隐之心”；“以羊易牛”出自《孟子·梁惠王上》，即谓：“王坐于堂上，有牵牛而过堂下者，王见之，曰：‘牛何之？’对曰：‘将以衅钟。’王曰：‘舍之！吾不忍其觳觫，若无罪而就死地。’对曰：‘然则废衅钟与？’曰：‘何可废也？以羊易之！’”当看到即将被用来祭祀的牛，吓得哆哆嗦嗦地从自己身边走过的时候，齐宣王萌生了搭救这头牛的想法，打算用羊来替换这头牛。有人质疑齐宣王这样做是出于利益取舍，因为牛比羊更贵重，但是，齐宣王对此解释说：“齐国虽褊小，吾何爱一牛？即不忍其觳觫，若无罪而就死地，故以羊易之也。”孟子对齐宣王的说法表示认可，并对齐宣王同情“牛”但没有同情“羊”做了进一步解释，认为这是因为齐宣王“见牛未见羊也”。从《孟子》一书所谈论的这两个事例中，我们可以感悟到，孟子所讲的恻隐之心就是在没有经过任何利益考量的情况下，因目睹到他者的困境或痛苦，而产生的同情、怜悯之心，孟子也称其为“不忍人之心”，即不忍心看着他者受苦的心。在孟子的视野中，恻隐之心可谓一切善行的起点，它的发生意味着人心灵中“善”的因素被触动了。孟子认为，在此基础上人的利他行为才有可能被真正激发出来，故孟子称其为“仁之端也”。有时孟子甚至把恻隐之心直接等同于仁德，即谓“恻隐之心，仁也”①。在孟子看来，恻隐之心是人之为人的根据，他讲“恻隐之心，人皆有之”②“无恻隐之心，非人也”③。

尽管孟子在论证“恻隐之心，仁之端也”的观点时，主要采取的是举例子、打比方的方式，以今天的眼光来看，似乎欠缺严密、科学的推理论证，但是其所得出的结论并非空想。在当代，孟子的观点获得了社会心理学相关理论的支持。社会心理学基于科学实验证实：目睹他人的痛苦能够激发出我们帮助他人的意愿。例如，美国堪萨斯大学研究利他主义的著名社会心理学家巴特森就认为，当目睹到他人的痛苦时，目睹者往往会产生两种混合的情绪：一种是由于看到他人的痛苦而导致目睹者自身产生心烦、焦虑、困扰等不良情绪，这时基于利己的动机，目睹者有可能会去帮助陷入困境中的人，从而通过帮助别人摆脱困境来达到减少自己痛苦的目的；另一种情绪是“共情”，即对他人的同情和怜悯之情。巴特森认为，如果人们对他人产生共情的话，就会更信任他人，也会与他人合作，共情使人们能够理解他人的感受，会付诸行动帮助减轻他人的痛苦。同时，巴特森指出，在这两种情绪中，“共情”对“帮助”等友善行为的发生更具推动力，因为“减少自己痛苦的利己动机”有可能引发帮助行为，但也有可能促使目睹者采取离开现场的方式以躲避痛苦，从而放弃施助于人；而“共情”却不会这样，当“共情”产生时，相较于自身的痛苦，人们会更多地关注陷入困境中的他人的痛苦，真正的同情和怜悯会驱使人们毫无私利地为了他人的利益而实施帮助行为④。经过将《孟子》书中“孺子入井”和“以羊易牛”的事例与巴特森的理

①②《孟子·告子上》

③《孟子·公孙丑上》

④［美］戴维·迈尔斯著，侯玉波等译：《社会心理学》（第8版），北京：人民邮电出版社，2006年，第361－362页。

论做对照，很显然，孟子所讲的“恻隐之心”与巴特森所讲的“共情”更接近，二者在出发点和功能上都是相似的。

既然“恻隐之心”对于利他行为的发生至关重要，那么，如何才能激发出孟子所讲的这种“人皆有之”的恻隐之心呢？仅仅是“目睹”他人的痛苦就可以了吗？显然，那还不一定。生活经验告诉我们，如果目睹者是一个冷酷无情、麻木不仁的人，那么即使目睹到别人的痛苦，他恐怕也只会“视若无睹”。事实上，目睹者只有找到与受苦者之间情感的共同点，才有可能产生感同身受的同情心。孟子实际上也意识到了这一点，孟子包括整个儒家对于血亲之爱的重视，以及对血亲之爱基础上所衍生出来的道德“孝悌之道”的推崇，在一定程度上就是在寻找人与人之间感情的共同点。在孟子的视野中，血亲之爱是与生俱来的，最真挚、最朴素的爱，是人不用学习、无须思虑就天然具有的情感，孟子称其为“良知”“良能”。孟子曰：“人之所不学而能者，其良能也；所不虑而知者，其良知也。孩提之童，无不知爱其亲者，及其长也，无不知敬其兄也。”① 在孟子看来，若人能从这种爱亲之心出发，将这种“爱”推而广之，扩而充之，去惠及更多的人和物，那么人与人之间的关系就美好了，社会就和谐了，故孟子说：“亲亲，仁也；敬长，义也。无他，达之天下也。”② 又讲：“老吾老，以及人之老；幼吾幼，以及人之幼；天下可运于掌。《诗》云：‘刑于寡妻，至于兄弟，以御于家邦。’言举斯心加诸彼而已。故推恩足以保四海，不推恩无以保妻子。”③ 可见，在孟子的视野中，恻隐之心是善行的开端，而血亲之爱又是人与人情感的共同点，这个共同点又是激发人产生恻隐之心的开端。

孟子的“恻隐之心，仁之端也”，以及从血亲之爱出发，将“爱”推而广之、扩而充之的理念为我们在当代培育“友善”价值观提供了一条符合中国文化背景和中国人心理特征的可行路径，即从家庭关系、血缘亲情入手，来加强对公民爱的教育，在此基础上，再辅之以人道主义教育，从关爱亲人出发，进而将心比心，层层外推，使之逐步升华为关爱他人的道德情操。亲情实际上奠定了与人友善的情感基础。中国本是

①②《孟子·尽心上》
③《孟子·梁惠王上》

一个注重亲情、注重家庭责任感的国度，但是近年来伴随着大家庭的解体、核心家庭的增多，伴随着年轻人就业范围的扩大和工作压力的增大，这种传统亦有失落之势。鉴于此，政府、学校、媒体应通过多种形式加强对公民的人伦亲情和家庭责任感的正面教育，在我国，通过弘扬亲情来弘扬友善之风，极可能会比单纯地宣传友善价值观更深入人心，更容易产生效果，这是孟子“恻隐之心”的理论在培育友善价值观方面提供给我们的启发，值得借鉴。

2.“四心”的配合——落实“友善”的心理助力

孟子在论述“恻隐之心”时，还同时提出了另外“三心”，即羞恶之心、恭敬之心(亦称辞让之心)、是非之心。在孟子看来，这三者同恻隐之心一样，为人所天生具有，是人之为人的根据，即“无恻隐之心，非人也；无羞恶之心，非人也；无辞让之心，非人也；无是非之心，非人也”①。纵观《孟子》一书，孟子所讲的“羞恶之心”，主要指的是对某种不道德行为感到不光彩、不体面，“羞恶是耻感，是指对不道德行为的内心排斥”②；孟子所讲的“恭敬之心”或“辞让之心”，主要指的是出于责任或道义而主动将有利于自己的事物或机会让给别人，或者在言语态度上以谦恭的方式待人的这样一种动机；孟子所讲的“是非之心”，主要指的是内心具有一种判断言行是否符合仁义的能力。

关于“四心”之间的关系，孟子并未做出细致的解释，只是笼统地说道：“凡有四端于我者，知皆扩而充之矣，若火之始然、泉之始达。苟能充之，足以保四海；苟不充之，不足以事父母。”③也就是说，只有将这“四心”或“四端”都扩而充之，才能够“保四海”，否则连自己的父母也不可能照顾好。在孟子对“四心”的这样一种解说中，已经隐约地透露出“四心”或“四端”共同构成了一套完整的道德情感系统的意味。对此，后世学者对其进行了阐发，宋代大儒朱熹特别强调恻隐之心的统率作用，他解释道：“恻隐是个脑子，羞恶、辞逊、是非须从这里发来。若非恻隐，三者俱

①③《孟子·公孙丑上》
② 陈来：《孟子的德性论》，《哲学研究》，2011 年第 5 期。

是死物了。恻隐之心，通贯此三者。”[①] 中国哲学史大家冯友兰先生也认为，“在孟子的思想中，四端不是平行的……恻隐之心是四端之首”[②]。关于羞恶之心、辞让之心、是非之心对于恻隐之心的作用，例如对“羞恶之心、恭敬之心、是非之心发动的先后次序”以及“与恻隐之心具体连接方式”等问题，学界虽有不同看法，但均将“四心”视作一个系统，均肯认羞恶之心、恭敬之心、是非之心的重要作用，笔者亦持这种认识。笔者认为：“四心”不是各自独立的四种情感，而是在恻隐之心的统领下，彼此之间互相补充、互相配合，“四心”共同发挥作用，才促成了人将道德心转变为现实的道德行为。如果说“恻隐之心”是引发善行的“星星之火”，那么，羞恶之心、恭敬之心、是非之心则是促使这“星星之火”形成“燎原之势”的助力。

“四心配合”的理念在培育友善价值观方面给予我们的启发在于：要重视羞恶之心、恭敬之心、是非之心在培育友善价值观方面的作用，要注重探索培育民众的羞恶之心、恭敬之心、是非之心的有效途径。就当代中国社会而言，这一方面可以通过“软约束”，即在政府相关部门的主导下借助各种传播方式营造一种以友善为荣的主流舆论氛围。这种氛围的形成不是简单地提几句口号而已，而是应该深入民众生活中去调查研究，结合社会现实对一些事关友善风气形成的相关常见行为进行细分并做出相应的价值评判，从而形成以何为荣、以何为耻的明确清晰的认识，并探索多种路径使其上升到社会共识的层次，让生活在其中的人们在遇到事情时能大致知道应该何去何从。人是社会性的存在，“人类的社会性在于我们不仅善于评判他人，也会因为自觉他人对自己的评价而调适行为”[③]，尤其在我国社会，受注重群体的传统价值观的影响，人们对“名声”往往更为看重，政府相关部门应抓住这一社会心理，加强对友善助人者褒扬的声音，加强对冷漠旁观者痛斥的声音，这样有助于提升人的羞恶之心，培育人的辞让之心和是非之心。有了这些保障，当一个人对自己的“所见”产生恻隐之心的时候，才会更加自觉自愿地把恻隐之心转化为真实的道德行为。除了通过“软

① 朱杰人：《朱子全书》（第 15 册），上海：上海古籍出版社，2003 年，第 1766－1767 页。
② 冯友兰：《中国哲学史新编》（上卷），北京：人民出版社，1998 年，第 367 页。
③ 廖晓炜：《如何理解孟子的“四端之心”》，《道德与文明》，2014 年第 1 期。

约束”来培养人的羞恶之心、辞让之心、是非之心以外，另一方面还可以通过“硬约束”来加强人的羞恶之心、辞让之心、是非之心，即可以通过制度安排来对伤害友善的行为进行惩处。应该承认，大多数人并非没有善心，而是对行善有顾虑甚至有恐惧，从而在紧急危难时刻不敢去施行利他助人的行为，这主要是近些年来因实施友善行为却反遭报复和诬陷的事情频发，好人受尽了委屈甚至损失惨重。耳闻目睹，很多公民患上了“友善恐惧症”[①]。如果能通过社会制度安排，让实施友善者能得到保护，让报复者、诬陷者能受到较严厉的谴责和惩罚，那么无疑将会大大缓解目前弥漫于社会的“友善恐惧症”。近年来，我国政界和学界所提出的“道德治理”理念，就是从这个角度所做出的有益尝试。这种“软约束”与“硬约束”的结合，将会进一步促使公民知廉耻、讲礼仪、明是非，使友善行为不再单纯依靠个体自觉和个体修养，而是从更大范围获得更有利的舆论环境和更有效的制度保障，从而为由“恻隐之心”发动起来的道德情感最终落实为道德实践提供重要助力。

3.“正命义命”与“反求诸己”——营造有利于“友善”施行的心理环境

社会心理学的研究认为：快乐的人更乐于帮助别人，积极的心境会产生积极的想法和积极的自尊，从而导向积极的行为。[②]这一研究成果启示我们，要在全社会培育“友善”价值观，就应该重视对社会怨气的疏导。试想一下，如果一个人对自身境遇总是感到愤懑、不平、不满，并且倾向于把自身的不如意归结于他人的掠夺，他怎么可能对他人产生善意？如果一个人对自己的生活总是忧心忡忡、悲观失望，在心理上自顾不暇，他又怎么能有心情去实施助人、利他的友善行为？反之，如果社会中大多数人在大多数时候对自身境遇能够有一个平和理性的心态，如果能对未来发展充满信心和希望，那么大家也就会更有心情去关注他人的需要，互助和谐的社会氛围也才更有可能形成。诚然，不少社会怨气的产生，是基于社会运行过程中的一些深层次矛

---

① 黄显中：《论友善》，《伦理学研究》，2004 年第 4 期。

② ［美］戴维·迈尔斯著，侯玉波等译：《社会心理学》（第 8 版），北京：人民邮电出版社，2006 年，第 353－354 页。

盾，化解怨气，也要通过社会各部门的通力合作，要通过社会的不断发展才能够解决，很多时候并非一蹴而就的事情。但是，人的心境也在很大程度上与自身调控情绪的能力、看待问题的人生态度、思考问题的方式方法有重要关系，在这方面，孟子的“正命、义命”观以及“反求诸己”的理念可以为我们提供一些有益的思想借鉴。

不得不承认，人生道路会受到多种因素的制约和影响，付出与回报并不是时时、处处都成正比。当对个人遭遇与社会发展感到困惑和不理解时，孟子和我们生活中的许多人一样也往往会把其归结于命运的安排，说过“莫非命也”这样的话。但是，孟子随之又对人应该顺从何种“命运”做了进一步的注解，即“顺受其正”，意思是人应该顺从的是“正命”。那什么是“正命”呢？孟子以生死为例，讲道：“莫非命也，顺受其正。故知命者不立乎岩墙之下。尽其道而死者，正命也；桎梏死者，非正命也。”① 也就是说，有没有“尽其道”，即有没有最大限度地尽到自己的主观努力，是区分“正命”与“非正命”的标准。与“顺受其正”相似，孟子还讲过“无义无命”，“义”在《孟子》书中有两层含义：一是通“宜”，即适当、适合的意思；另一层意思是“道义”。“无义无命”的潜台词就是“有义有命”，也就是说，对于一个人来讲，只有他做出合乎道义的且适当的行为时，所遭遇到的结果才能称为命。可见，“正命”“义命”强调的都是个体的主动选择与主观努力，着力点并没有放在对外界的依赖或抱怨上，而是放在了自己身上。在孟子看来，人生中的事情可分为两类：一类是“求在我者”，一类是“求在外者”，孟子曰：“求则得之，舍则失之，是求有益于得也，求在我者也。求之有道，得之有命，是求无益于得也，求在外者也。”②在孟子看来，对于“求在我者”，即对于那些“求则得之，舍则失之”的事情，人应当尽力去争取；对于“求在外者”，即对于那些自己不能完全掌控的事情，孟子也依然强调要“求之有道”，即先按照该争取的方式去争取，然后才是“得之有命”，绝不是让人放弃主观努力，一味听从命运的摆布。对于那些放弃主观努力的人，孟子十分鄙视，称其为“自暴自弃”，他说：“自暴者，不可与有言也。自弃者，不可与有为也。”③

①②《孟子·尽心上》
③《孟子·离娄上》

孟子“正命”“义命”观中所蕴含的理念在为人处世中的应用可以概括为“反求诸己”。关于“反求诸己”，在《孟子》一书中主要涉及两段表述，一段表述为：“仁者如射；射者正己而后发，发而不中，不怨胜己者，反求诸己而已矣。”① 也就是说，修养仁德如同射箭，射箭者先端正自己的姿势然后发箭，箭发而不中不应该去埋怨胜过自己的人，而是要返回来从自身寻求原因。另一段表述为：“爱人不亲，反其仁；治人不治，反其智；礼人不答，反其敬。行有不得者皆反求诸己，其身正而天下归之。《诗》云：‘永言配命，自求多福。’”②对这段话，朱熹解释说：“我爱人而人不亲我，则反求诸己，恐我之仁未至也。”③ 反其智、反其敬，与此类似，指的都是在待人接物遇到障碍时，要反省自己，要从自身找原因的意思。进而孟子在这段话中提出了“行有不得者皆反求诸己”的观点，把“反求诸己”的理念提升到了普遍适用的层面。

综上所述，一方面，孟子将人生中的事情分成“求在我者”和“求在外者”，这实际上承认的是人的有限性，因为人生确实会遭遇无能为力之处和无可奈何之时，如果能认识到有一部分事情是“求在外者”，就可以给心灵提供一方退路，破除不必要的执着，从而保有对生活的豁达；另一方面，孟子又对“命运”进行了细分，提出了“正命、义命”观以及“反求诸己”的理念，这又饱含着积极进取的精神，提醒人们遇事要多从自身找原因，要最大限度地发挥主观能动性，“不怨天，不尤人”④。这既可以从整体上引导人以一种更为理性的态度对待自己的人生际遇，又可以从具体行为上给处于心灵困境中的人们提供指导，对当代人调节心情、调整行为颇有启发。孟子所倡导的这种人生态度和行为方式值得在当代社会进行宣传和普及，若能将这样的理念内化到心中，则有助于我们在逆境面前，理性地思考自身的遭遇，减少对人和事的偏见，在遭遇不顺时不至于轻易迁怒别人。保有心境的平和并激发进取的动力。怨气减少了，以友善的态度待人，以友善的行为助人的良好心理环境也就奠定了。

---

①《孟子·公孙丑上》
②《孟子·离娄上》
③ 朱熹：《四书章句集注》，北京：中华书局，1983 年，第 278 页。
④《孟子·公孙丑下》

(三) 荀子哲学所蕴含的有助于涵养“友善”的思想资源

人是有丰富情感、有复杂心理活动的存在，在全社会涵养友善的社会风气，仅仅依靠从行为层面进行倡导是远远不够的，还应该从心理层面入手，探索什么样的心理动因能够激发人的友善行为，什么样的心理机制、什么样的心理环境能够助力人去施行友善行为，进而从多角度入手，这样才能拓宽友善价值观的培育路径。本节继续沿着前文这种从心理和情感角度入手的研究思路，从心理动因、心理环境保障和具体行为方式三个方面对荀子哲学所蕴含的有助于涵养友善社会风气的思想资源做一番梳理。

1. 礼——激发“友善”行为的心理动因

社会心理学的研究表明，“规范”能够驱动人的利他行为，很多时候，我们帮助别人是“因为某些东西告诉我们应该这样做”①。告诉我们应该做什么、不应该做什么的“某些东西”就是规范，规范“规定了我们生活中适宜的行为和应尽的义务”②。规范尤其是社会责任规范会唤起人们对处于困境中人的社会责任，在社会责任规范的驱动下，“即使帮助者不为人知，或他们不能期待任何回报，他们仍会经常帮助那些有需要的人”③。这一点已被大量心理学实验所证实，得到社会心理学界的普遍认可。

在荀子的思想中，实际上也存在上述社会心理学所讲的“社会责任规范”，当然，荀子所用的词汇并非“社会责任规范”，而是类同于“社会责任规范”的另一个词汇——礼。“礼”在荀子思想中的地位十分重要，它是荀子哲学的核心范畴。与“仁”“义”等无形的道德观念相比，“礼”在荀子思想体系中是一种制度性的存在，是有形的，它更为具体，更有章法可循，因而也就具备更强的约束力。荀子对“礼”的重视来源于他对人性的认识。在荀子看来，人的自然本性有向“恶”发展的趋势，这也就是荀子所讲的：“今人之性，生而有好利焉，顺是，故争夺生而辞让亡焉；生而有疾恶焉，顺是，故残贼生而忠信亡焉；生而有耳目之欲，有好声色焉，顺是，故淫乱生而礼义文理亡焉。”④ 既然“顺是”即顺着人的自然本性任意发展的后果如此严重，

①②③［美］戴维·迈尔斯著，侯玉波等译：《社会心理学》（第8版），北京：人民邮电出版社，2006年，第354页。
④《荀子·性恶》

那么应该怎么办呢？荀子想出的办法就是用“礼”来对人的自然本性进行约束，通过“礼”来明晰人的责任和义务，来调节人的思想和行为，即谓“起礼义、制法度，以矫饰人之情性而正之，以扰化人之情性而导之也”①，进而通过“礼”使社会秩序得以安顿，“始皆出于治，合于道者也”②。在人伦道德领域，尽管荀子认为人性恶，但是荀子和其他儒家一样，其终极目标仍然是引导人向善，以期塑造德化的理想人格和营造德化的理想社会。“礼”就是为这个目标服务的，在这个意义上，“礼”在荀子思想中就是引导人的行为使之符合“善”的“社会责任规范”。

关于“礼”能够引发“利他行为”这一点，荀子做了明确的表述。荀子曰：“今人之性，饥而欲饱，寒而欲暖，劳而欲休，此人之情性也。今人饥，见长而不敢先食者，将有所让也；劳而不敢求息者，将有所代也。夫子之让乎父，弟之让乎兄，子之代乎父，弟之代乎兄，此二行者，皆反于性而悖于情也。然而孝子之道，礼义之文理也。”③荀子这段话表明，就自然本性来看，饿了就想吃东西，冷了就想穿衣服，累了就想休息，这是毫无疑问的。但是在实际生活中，我们一般不会不假思索、不顾周围环境就去吃、穿、休息，而是会判断一下，是不是还有人比自己更应该先吃、先穿、先休息，而引导我们进行这个判断的力量，在荀子看来就是“礼”。因为有了“礼”的规范和激励，很多人克制了自然本能，把吃、穿、休息的机会让给了“礼”所规定的更需要这些福利的人，从而做出了“代长者劳”“让长者先食”的利他行为。

那么，这种具有“社会责任规范”意味的“礼”在荀子这里仅仅是“规范”吗？不是的，在荀子哲学中它具有更崇高、更重要的地位。关于这一点，需要联系荀子对“人性”与“人的本质”之间关系的认识来加以说明。在荀子看来，“人的本质”和“人性”是不一致的，尽管人性有向恶的趋势，但人的本质却仍然是善，人应该是一种道德性的存在。在对“人的本质”的认识上，荀子与儒家其他主流学者的态度一致，这正如荀子所说：“人之所以为人者，何已也？曰：以其有辨也。饥而欲食，寒而欲暖，劳而欲息，好利而恶害，是人之所生而有也，是无待而然者也，是禹、桀之所

①②③《荀子·性恶》

同也。然则人之所以为人者，非特以二足而无毛也，以其有辨也……夫禽兽有父子而无父子之亲，有牝牡而无男女之别，故人道莫不有辨。辨莫大于分，分莫大于礼。”①荀子的这段话告诉我们，人之所以为人、人与禽兽的区别以及人品的高下，不在于外观如何，也不在于“饥而欲食、劳而欲息、好利而恶害”这些自然本能，而在于能否“有辨”，即是否具备辨别是非、善恶、当为与不当为的能力，而辨别的标准就是“礼”。这样一来，人对“礼”的遵循，就不再单纯意味着对一种道德规范的遵循，而是“必要性”进一步提升，上升到了保障“人之为人”的高度，“成人的程度”与“对礼的践履程度”直接相关。荀子对礼的这样一种安置方式，显然能促使人更自觉地去遵循礼，礼也因而具备了对人更强大的约束力，更能够成为激发人利他行为的心理动机。

荀子的上述思想值得在当代进行弘扬，荀子的礼学思想对“人的本质”的看法、对“人性”的规约，有助于唤醒当代人的羞耻心并增强道德自觉性，从而有利于当代中国道德风尚的好转。此外，荀子以“礼”来激发“善行”的理念，还给我国培育友善价值观在路径方面提供了启示，即可以尝试将道德引导与制度建设结合起来。一方面，国家可通过制度安排对道德行为建立“制度保障”，以更强有力的手段来保护人们的友善行为，遏制诬陷好人的不良风气，让人们没有后顾之忧地去做好事。这对当下中国来说特别重要，如果人们实施友善却总得不到好下场，就会在社会上产生极坏的效应，许多人会因为畏惧可能给自己带来的负面结果而不得不选择袖手旁观，从而导致社会患上“严重的友善恐惧症”②，这将大大阻碍人们将善德转化为善行。另一方面，可尝试将道德引导与“制度支持”结合起来。国家可通过制度安排，利用多种渠道，采用多种方式包括物质奖励的方式对社会上有影响的友善行为进行褒扬，从而在全社会形成一种扬善抑恶的风气，让人们以友善为荣，以榜样的力量带动更多人去践行“友善”。制度保障与制度支持双管齐下，道德引导的效果才能得到落实。

---

①《荀子·非相》

② 黄显中:《论友善》,《伦理学研究》, 2004 年第 4 期。

2. 不怨天，不尤人——确保“友善”施行的心理环境

社会心理学的研究还表明：快乐的人更乐于帮助别人，积极的心境会产生积极的想法，从而导向积极的行为。许多心理学实验都证实，积极轻松的心境能够显著地促进利他行为，而处于愤怒中的人，则很难对别人产生同情①。

这一社会心理学的研究成果启示我们，要在全社会培育友善价值观，就应该重视对社会各阶层愤懑、不平、不满、怨恨等不良情绪的疏导，如果社会中大多数人在大多数时候都能够对自身境遇和未来发展充满信心和希望，那么大家也就会更有心情去关注他人的需要，互助和谐的社会氛围才更有可能形成。当然，不少社会怨气的产生，是基于社会运行过程中的一些深层次矛盾，要通过社会各部门的通力合作，要通过社会的不断发展才能够解决，很多时候并非一蹴而就的事情。但是，人的心境也在很大程度上与自身调控情绪的能力、看待问题的人生态度有关系。在这方面，荀子为我们提供了一些有益的思想资源，值得当代社会借鉴。

面对人生的不如意，荀子说过“节遇之谓命”② 之类的话，但是，荀子又秉承了儒家“尽人事，听天命”的一贯立场，一方面承认“有命”，另一方面又“不认命”，甚至相较于先秦时期的孔子、孟子等其他儒者，荀子表现出更积极的态度。例如，在个人学识和人品的完善上，荀子认为人“皆有可以知仁义法正之质，皆有可以能仁义法正之具”③，因而可以通过后天“积”和“渐”的主观努力，使精神境界逐渐提高，甚至达到圣人的层次，“涂之人可以为禹”。再例如，在天人关系上，荀子明确宣称：“强本而节用，则天不能贫；养备而动时，则天不能病；修道而不贰，则天不能祸……本荒而用侈，则天不能使之富；养略而动罕，则天不能使之全；倍道而妄行，则天不能使之吉。”④ 可见，在荀子的视野中，人自身的努力至关重要，人在很大程

① [美] 戴维·迈尔斯著，侯玉波等译：《社会心理学》（第 8 版），北京：人民邮电出版社，2006 年，第 352－354 页。

②《荀子·正名》

③《荀子·性恶》

④《荀子·天论》

度上可以把握自己的命运。在这样的基调之下，荀子对待不如意境遇的基本态度就是不怨天，不尤人，即谓："自知者不怨人，知命者不怨天，怨人者穷，怨天者无志。失之己，反之人，岂不迂乎哉！"[①] 也就是说，有自知之明的人不会埋怨别人，对命运有正确认识的人不会埋怨上天，越埋怨别人，处境越会困窘；越是埋怨上天，越是没有志气的表现。失误在自己，却反过来责难自己之外的人和事，这就背离事实太远了，于事无补。

那么，面对不如意，人应该怎么办呢？荀子提出了两种应对策略：其一是端正态度，修身俟命。所谓"修身俟命"，就是要做好准备，耐心等待。荀子曰："夫贤不肖者，材也；为不为者，人也；遇不遇者，时也；死生者，命也。今有其人不遇其时，虽贤，其能行乎？苟遇其时，何难之有！故君子博学、深谋、修身、端行以俟其时。"[②] 也就是说，在面临时运不济时，荀子认为君子应该比处于顺境时更努力、更小心、更严格要求自己，"博学、深谋、修身、端行"，然后"以俟其时"，即等待机会的降临。等到时来运转的那一天，因为君子事先已经做好了充分准备，"苟遇其时，何难之有"，一切困难也就迎刃而解了。其二是调整行为，与时屈伸。所谓"与时屈伸"，就是要随着时势的变化，随机应变。荀子认为面对不同的境遇，明智的人应该随时调整自己的行为，有时候可以柔顺得像香蒲和芦苇一样，但这并不是出于懦弱胆怯，即"与时屈伸，柔从若蒲苇，非慑怯也"[③]；有时候又可以刚强坚毅，但这也并不是出于骄傲横暴，即谓"刚强猛毅，靡所不信，非骄暴也"[④]。向时而动、当曲则曲、当直则直、灵活应对才是荀子视野中明智的处世方式，这也就是荀子所说的"君子时诎则诎，时伸则伸也"[⑤]"以义变应，知当曲直故也"[⑥]。

荀子"不怨天，不尤人"的人生态度，既渗透着对生活的豁达，又包含着积极进取的精神；荀子"修身俟命，与时屈伸"的行为方式是一种务实理性、饱含人生智慧的处事方式，对当代人调节心情、调整行为颇有启发。荀子所倡导的这种人生态度和

①《荀子·荣辱》
②《荀子·宥坐》
③④⑥《荀子·不苟》
⑤《荀子·仲尼》

行为方式值得在当代社会进行宣传和普及，若能将这样的理念内化到心中，则有助于人们在身处逆境时，理性地思考自身的遭遇，保有心境的平和，从而也就奠定了以友善的态度待人、以友善的行为助人的良好心理基础。

3. 君子之道——实施“友善”的具体方式

荀子十分推崇“君子”，在荀子看来，“君子”就是在日常生活中对“礼”践履程度较高的人格形象。荀子为“君子”规定了诸多具体的行事方式，其中，有如下三点对引导当代人实施友善行为具有借鉴价值。

其一，戒争斗。

人与人之间动辄就争斗，是对“友善”的伤害。最近几年，经常有报道说有人为了在公共交通工具上争抢座位、为了在排队时争抢有利位置等一点蝇头小利就大打出手，有些人为了几句气话、一点摩擦就暴力相向，甚至闹出伤人性命的恶性事件，这都严重伤害了友善的社会风气。那么，对于争斗，荀子是如何看待的呢？

在荀子看来，即使你认为自己有理也不应该争斗，即使你认为自己很强大，能战胜别人也不能争斗，即“君子力如牛，不与牛争力；走如马，不与马争走；知如士，不与士争知”①。荀子之所以反对争斗，主要基于两方面的原因：一方面，在荀子看来，争斗是自降人格，是把自己降到了和对手一样的层次，即“彼争者，均者之气也”②。言外之意就是君子与牛争力气就是把自己等同于牛，与马比行走就是把自己等同于马，以此类推，与思想境界不如自己的人争斗，就是把自己降到了和对方一样的层次，真正的君子因此不屑于与人争斗。另一方面，荀子反对争斗，是因为争斗会激化矛盾，容易把自己陷入危险的境地，有可能因为一时的怒气而耽误自身所肩负的更重要的使命，在荀子看来这是不顾自己、不顾家人、不顾国法的鲁莽行为，真正的君子也因此不愿意与人争斗。用荀子的话来说就是：“行其少顷之怒而丧终身

①②《荀子·尧问》

之躯，然且为之，是忘其身也；室家立残，亲戚不免乎刑戮，然且为之，是忘其亲也；君上之所恶也，刑法之所大禁也，然且为之，是忘其君也。忧忘其身，内忘其亲，上忘其君，是刑法之所不舍也，圣王之所不畜也。乳彘不触虎，乳狗不远游，不忘其亲也。人也，忧忘其身，内忘其亲，上忘其君，则是人也而曾狗彘之不若也。”①

总之，荀子反对“争饮食，无廉耻，不知是非，不辟死伤，不畏众强，恈恈然唯利饮食之见”②的争斗，反对“为事利，争货财，无辞让，果敢而振，猛贪而戾，恈恈然唯利之见”③的争斗，反对“轻死而暴”④的争斗，这是荀子心目中的君子不屑于做、不愿意做的事情。荀子为君子所规定的这种行事方式，对培养当代人的友善意识和友善行为具有重要意义。当然，荀子让人戒争斗，戒的只是不符合道义的或只顾个人眼前利益的争斗，而不是让人事事都无原则地退让。荀子认为如果是为了社会正义，那么君子不顾自身利益、不屈服于权势去争，是应该的，是勇敢的表现，这正如荀子所言：“义之所在，不倾于权，不顾其利，举国而与之不为改视，重死持义而不桡，是士君子之勇也。”⑤

其二，接纳、宽容他人。

能接纳、宽容他人，既是施行友善行为的前提，本身又是友善待人的表现。在这方面，荀子也提出了诸多真知灼见，在荀子的视野中，接纳、宽容他人是君子的必备素质。

能接纳他人，在荀子看来，首先是能接纳那些看上去不如自己的人或者与自己生存状态不一样的人。在日常生活中，与“争斗”这种极端不友善行为相比，更经常发生的不友善行为则来自傲慢，比如一些健康人在残疾人面前，一些自认为有权有势者在贫弱阶层面前，一些自认为学识丰富者在文化程度较低的人面前，总之，怀有高人一等心态的人更容易对他人冷漠无礼。荀子对这种心态持批判态度，荀子认为，即使

---

①②③④⑤《荀子·荣辱》

你真的比别人优越，也应该展现出兼容并蓄、包容他人的胸怀，要懂得“兼术”，即谓：“君子贤而能容罢，知而能容愚，博而能容浅，粹而能容杂，夫是之谓兼术。”①也就是说，君子虽贤能但能容纳无能的人，虽聪明但能容纳愚昧的人，虽博闻多识但能容纳孤陋寡闻的人，虽道德纯洁但能容纳品行驳杂的人，这就叫作兼容并蓄之法。这是荀子所认可的为人处世的方法，这也是当代中国培育友善价值观所需要的处世方法，因为“随着社会结构变得复杂，社会的多样性也表现得愈发充分，能够在道德原则之内从内心接纳与自己的社会生活方式不同的其他社会成员”② 也便成为友善的题中应有之义。

此外，能接纳他人，在荀子看来，还要能接纳比自己强的人，不嫉妒他人。这正如荀子所讲的那样：“君子能则宽容易直以开道人，不能则恭敬缚绌以畏事人；小人能则倨傲僻违以骄溢人，不能则妒嫉怨诽以倾覆人。”③ 可见，在荀子看来，若能力比人强，就应该去引导和帮助别人；若能力比人弱，就应该接受现实，向他人虚心学习，这才是君子的行为。反之，若比别人强，就欺凌别人；若比别人弱，就用嫉妒、怨恨、诽谤来搞垮别人，那就是小人的表现了。荀子对此持厌弃的态度。

除接纳他人之外，宽容他人也是荀子所大力倡导的一种君子的处世方式。宽容他人，在荀子这里包含待人和待己两个相互关联的方面。荀子曰：“君子之度己则以绳，接人则用抴。度己以绳，故足以为天下法则矣。接人用抴，故能宽容，因求以成天下之大事矣。”④可见荀子认为：君子对待自己应像木工用墨线来取直一样严格要求，即“度己以绳”，这样才能成为天下人效法的榜样；而对待别人则应宽容，要以舟船似的胸怀待人，不能斤斤计较，即“接人用抴”。宽容他人的过失、缺点，归根结底意味着能以同情心和同理心待人，能体谅他人，荀子曰：“千人万人之情，一人之情是也。”⑤人与人的相处，若能设身处地、将心比心地换位思考，常怀宽容之心，摩擦定会减少，友善的行为定会增多。

---

①④《荀子·非相》
② 李建华：《友善何以成为一种核心价值观》，《伦理学研究》，2013 年第 2 期。
③⑤《荀子·不苟》

其三，柔和谦恭且真诚。

就行为的外在表现而言，柔和谦恭的态度无疑是友善的一个重要表现。关于柔和谦恭的分寸，荀子做了很好的说明。荀子曰："君子宽而不僈，廉而不刿，辩而不争，察而不激，寡立而不胜，坚强而不暴。柔从而不流，恭敬谨慎而容，夫是之谓至文。"① 也就是说，君子宽洪大量，但不懈怠马虎；方正守节，但不尖刻伤人；能言善辩，但不去争吵；洞察一切，但不过于激切；卓尔不群，但不盛气凌人；坚定刚强，但不粗鲁凶暴；宽柔和顺，但不随波逐流；恭敬谨慎，但待人宽容，这就是最文雅最合乎礼义的行为了。可见，在荀子的心目中，君子能很好地掌握为人处世的"度"，他们能采取最恰当的方式，以让人接受的态度去表达自己的意见，去开展自己的工作。荀子还引用了《诗经》中的话对温和谦恭的人表达了赞美，称赞这样的人掌握了道德的根本，即谓："诗曰：'温温恭人，惟德之基。'此之谓矣。"②

"友善"是善意与善举的统一，与人柔和谦恭，要出自真心才有意义，否则就流于虚伪，真诚可以说是友善不可或缺的一个方面。荀子高度肯定了"真诚"的价值，荀子说："君子养心莫善于诚，致诚则无它事矣，唯仁之为守，唯义之为行。"③ 在这里，荀子把"真诚"视作了道德修养最重要的方式。那么，"真诚"落实到为人处世上，其具体表现应该是什么样子的呢？对此，荀子举了几个例子加以说明，荀子曰："君子崇人之德，扬人之美，非谄谀也；正义直指，举人之过，非毁疵也；言己之光美，拟于舜、禹，参于天地，非夸诞也。"④ 即君子赞扬他人是发自真心，而不是出于谄媚阿谀；批评他人，力求公正，而不是为了挑剔、诋毁别人。同样，君子若夸赞自己，也会做到有根有据，而不是为了欺骗别人。荀子对"真诚"的推崇提示我们，当我们在生活中展现自己友善的一面时，要出自真心才有意义，友好的行为与真诚的心意结合在一起，才是我们这个社会所需要的友善。

马克思说："假定人就是人，而人对世界的关系是一种人的关系，那么你就只能

---

①②③④《荀子·不苟》

用爱来交换爱，只能用信任来交换信任。”① 近年来，“中国社会呈现出价值多元、普遍竞争和社会冷漠的现象”②，“友善”被列为社会主义核心价值观之一，反映了中国社会良性发展以及公民道德建设的迫切要求。培育友善价值观离不开传统文化的滋养，经过对荀子哲学中有助于培育友善价值观的思想资源进行梳理和萃取，可以发现：荀子“礼”的思想对当代中国以“规范”促友善风气的养成有启发；荀子“不怨天，不尤人”的人生态度对引导当代人树立积极的社会心态，营造有利于“友善”实施的心理环境有借鉴；荀子所倡导的君子行为方式对指导日常生活中的友善行为有教益。总之，荀子的这些道德资源值得重视，应该在培育“友善”这一社会主义核心价值观的过程中“赋予新的时代内涵，使之与中国特色社会主义相适应，让优秀传统文化在新的时代条件下不断发扬光大”③。

---

① ［德］马克思：《1844 年经济学哲学手稿》，北京：人民出版社，2000 年，第 146 页。
② 曹刚：《团结与友善》，《伦理学研究》，2015 年第 1 期。
③《关于培育和践行社会主义核心价值观的意见》，北京：人民出版社，2013 年，第 17 页。

古典文献参考书目

1. 郭丹、程小青、李彬源等译注：《诗经》，北京：中华书局，2019 年。
2. 郭丹、程小青、李彬源等译注：《左传》，北京：中华书局，2012 年。
3. 陈桐生译注：《国语》，北京：中华书局，2013 年。
4. 王世舜、王翠叶译注：《尚书》，北京：中华书局，2012 年。
5. 黎翔凤：《管子校注》（全二册），北京：中华书局，2020 年。
6. 杨伯峻：《论语译注》，北京：中华书局，2006 年。
7. 程树德：《论语集释》，北京：中华书局，2013 年。
8. 方勇译注：《墨子》（中华经典名著全本全注全译丛书），北京：中华书局，2015 年。
9. 杨伯峻、杨逢彬译注：《孟子》，长沙：岳麓书社，2019 年。
10. [清] 焦循著，沈文倬点校：《孟子正义》，北京：中华书局，2017 年。
11. 王国轩译注：《大学中庸》，北京：中华书局，2018 年。
12. 陈鼓应：《老子注译及评介》，北京：中华书局，2015 年。
13. 曹础基：《庄子浅注》，北京：中华书局，2014 年。
14. [清] 王先谦：《荀子集解》，北京：中华书局，2012 年。
15. 高华平、王齐洲、张三夕译注：《韩非子》（中华经典名著全本全注全译丛书），北京：中华书局，2010 年。
16. 张双棣、张万彬、殷国光等译注：《吕氏春秋》（全二册）（中华经典名著全本全注全译丛书），北京：中华书局，2022 年。
17. 黄怀信译注：《大戴礼记》，上海：上海古籍出版社，2019 年。
18. 杨天宇：《礼记译注》（全二册），上海：上海古籍出版社，2016 年。

19. 汪受宽：《孝经译注》，上海：上海古籍出版社，2016 年。
20. ［汉］司马迁：《史记》，北京：中华书局，2020 年。
21. ［汉］班固：《汉书》，北京：中华书局，2020 年。
22. ［汉］刘安著，陈广忠译注：《淮南子》（全二册）（中华经典名著全本全注全译丛书），北京：中华书局，2012 年。
23. ［汉］刘向著，王天海、杨秀岚译注：《说苑》　（全二册），北京：中华书局，2019 年。
24. ［汉］董仲舒著，张世亮、钟肇鹏、周桂钿译注：《春秋繁露》（中华经典名著全本全注全译丛书），北京：中华书局，2012 年。
25. ［汉］韩婴：《韩诗外传集释》，北京：中华书局，1980 年。
26. 李定生、徐慧君：《文子校释》，武汉：湖北教育出版社，2016 年。
27. ［汉］许慎著，［宋］徐铉校订：《说文解字》，北京：中华书局，2019 年。
28. ［南北朝］颜之推著，檀作文译注：《颜氏家训》（中华经典名著全本全注全译丛书），北京：中华书局，2022 年。
29.《隋书》，北京：中华书局，2019 年。
30. ［唐］吴兢著，骈宇骞译注：《贞观政要》，北京：中华书局，2022 年。
31. ［唐］孔颖达：《毛诗正义》，上海：上海古籍出版社，1990 年。
32. ［唐］孔颖达：《周易正义》，北京：中国致公出版社，2009 年。
33. ［后晋］刘昫：《旧唐书》（卷三），北京：中华书局，2000 年。
34. 李申：《四书章句集注今译》，北京：中华书局，2020 年。
35. ［宋］司马光：《资治通鉴》（全四册），北京：中华书局，2007 年。
36. ［宋］司马光：《资治通鉴》（全三十册），北京：中华书局，2013 年。
37. ［宋］黎靖德：《朱子语类》（全六本），北京：中华书局，2020 年。
38. ［宋］陆九渊：《陆九渊全集》，上海：上海古籍出版社，2022 年。
39. ［宋］陈淳著，熊国祯、高流水点校：《北溪字义》，北京：中华书局，2009 年。
40.《中国军事史》编写组：《武经七书注释》，解放军出版社，1986 年。

41. [宋] 石介：《徂徕石先生文集》，北京：中华书局，1984 年。

42.《二程集》(全二册)，武汉：崇文书局，2021 年。

43.《苏东坡全集》(全八册)，北京：中华书局，2021 年。

44. [元] 脱脱：《宋史》，北京：中华书局，1999 年。

45. 中央研究院历史语言研究所校印：《明实录》（影印本），上海：上海书店出版社，1984 年。

46. [清] 雍正著，张万钧、薛予生编译：《大义觉迷录》，北京：中国城市出版社，1999 年。

47. 谷继明：《易汉学新校注：附〈易例〉》，北京：中国社会科学出版社，2020 年。

48. [清] 董诰：《全唐文》第五卷，北京：中华书局，1983 年。

49. [清] 王夫之：《船山全书》(第十二册)，长沙：岳麓书社，2011 年。

50. [清] 傅山著，[清] 丁宝铨刊，陈监先批校：《陈批霜红龛集》，太原：山西古籍出版社，2007 年。

51. [清] 王夫之著，学工、翟士航、王澎译注：《读通鉴论》，北京：中华书局，2020 年。

52. [清] 王韬：《弢园文录外编》，北京：中华书局，1959 年。

53. [清] 黄宗羲著，王珏、褚宏霞译注：《明夷待访录》（中华经典名著全本全注全译丛书），北京：中华书局，2020 年。

图书在版编目（CIP）数据

中华优秀传统文化的现代价值 / 唐明燕著. —上海：文汇出版社，2023.4
ISBN 978－7－5496－3950－2

Ⅰ. ①中… Ⅱ. ①唐… Ⅲ. ①中华文化－研究 Ⅳ. ①K203

中国国家版本馆CIP数据核字（2023）第029215号

中华优秀传统文化的现代价值

策　　划 / 沈国麟

著　　者 / 唐明燕
责任编辑 / 鲍广丽
封面装帧 / 董春洁

出 版 人/ 周伯军

出版发行 / 文匯出版社
上海市威海路755号
（邮政编码200041）
经　　销 / 全国新华书店
排　　版 / 南京展望文化发展有限公司
印刷装订 / 上海颛辉印刷厂有限公司
版　　次 / 2023年4月第一版
印　　次 / 2023年4月第一次印刷
开　　本 / 787×1092　1/16
字　　数 / 200千字
印　　张 / 13

ISBN 978－7－5496－3950－2
定　　价 / 88.00元